AF355113

ÉXITO O MUERTE. HISTORIA DE UN EMPRENDEDOR

ALFONSO PUIGMITJÁ

ÉXITO O MUERTE. HISTORIA DE UN EMPRENDEDOR

EXLIBRIC

ANTEQUERA 2020

ÉXITO O MUERTE. HISTORIA DE UN EMPRENDEDOR
© Alfonso Puigmitjá
Diseño de portada: Dpto. de Diseño Gráfico Exlibric

Iª edición

© ExLibric, 2020.

Editado por: ExLibric
c/ Cueva de Viera, 2, Local 3
Centro Negocios CADI
29200 Antequera (Málaga)
Teléfono: 952 70 60 04
Fax: 952 84 55 03
Correo electrónico: exlibric@exlibric.com
Internet: www.exlibric.com

Reservados todos los derechos de publicación en cualquier idioma.

Según el Código Penal vigente ninguna parte de este o
cualquier otro libro puede ser reproducida, grabada en alguno
de los sistemas de almacenamiento existentes o transmitida
por cualquier procedimiento, ya sea electrónico, mecánico,
reprográfico, magnético o cualquier otro, sin autorización
previa y por escrito de EXLIBRIC;
su contenido está protegido por la Ley vigente que establece
penas de prisión y/o multas a quienes intencionadamente
reprodujeren o plagiaren, en todo o en parte, una obra literaria,
artística o científica.

ISBN: 978-84-18470-07-3
Depósito Legal: MA-1056-2020

Nota de la editorial: ExLibric pertenece a Innovación y Cualificación S. L.

ALFONSO PUIGMITJÁ

ÉXITO O MUERTE. HISTORIA DE UN EMPRENDEDOR

Capítulo I

Nuestro hombre, Juan Martín, cuarenta años recién cumplidos, de estatura típica española (1,68), de aspecto deportista, con la llamada curva de la felicidad comenzando a asomar y cara de persona en la que se puede confiar.

Son las seis de la tarde de un domingo de 2002. La cabezadita en el sillón, después de la comida estupenda preparada por su mujer, había servido para relajar su cansado cuerpo después de un agotador partido de pádel en la mañana, jugado con sus habituales vecinos de cada día festivo.

Se desperezó y en su cabeza comenzó a dibujarse la jornada del día siguiente, lunes. Lentamente, estirando los músculos aún adormilados e intentando hacer lo propio con sus ideas, se colocó delante de su mesa de trabajo, mesa en la que se apreciaba que era un hombre ordenado y cuidadoso. Encendió el ordenador con la intención de repasar los *rapports*[1] de las últimas visitas realizadas.

---

1 El *rapport* comercial debe responder a las necesidades de información de la empresa. El criterio fundamental para establecer su contenido se basa en la operatividad que se pueda extraer de esa información. A pesar de ello, ciertos datos son imprescindibles: los datos del cliente y de su actividad; los del momento, el lugar y las circunstancias de la entrevista de ventas; los de la demanda realizada o la oferta presentada; los relativos a sus preferencias y reacciones ante las propuestas presentadas y aquellos que orienten las próximas acciones relacionadas con él. Tradicionalmente, el *rapport* consiste en un informe escrito, generalmente en un formulario diseñado para tal finalidad, lo que garantiza que no se olvide ningún dato importante; sin embargo, la creciente implantación de sistemas informáticos de tratamiento de la información propicia un uso creciente de *notebooks* electrónicos y de los mismísimos ordenadores por parte del vendedor. Puesto que la principal función

Juan era vendedor de C. M. Electric, fabricante de material eléctrico. Se consideraba a sí mismo un hombre de éxito profesional. Sus cifras de venta iban en constate aumento; no obstante, se encontraba en un momento de gran preocupación.

Hasta el momento, C. M. Electric era una fábrica puntera tanto en calidad como en agresividad, en publicidad y ventas. Recientemente, la separación de uno de los socios propietarios (el director técnico) y la creación por este de otra empresa competencia total de C. M. Electric, con la misma gama de fabricados e idénticas calidades, hizo que dentro de toda la compañía se sintiera la preocupación de lo que significaba que la nueva empresa tuviera tan amplios conocimientos de toda la red comercial, clientes, precios, etc.

Repasó cuidadosamente todas las visitas recientemente realizadas, abrió su agenda, donde programaba cuidadosamente las próximas, y su gesto no pudo evitar una profunda preocupación.

Lunes, 10:00 h. Había concertado una entrevista con el señor Gómez (jefe de compras de V. W. Distribución, uno de los mejores clientes), persona con la que mantenía un alto grado de confianza. Tenían que negociar el pedido anual. La importancia de este pedido era fundamental para la consecución de sus objetivos y los de C. M. Electric. No tendría que haber problema para conseguir el éxito en esta negociación; no obstante, era conocedor de la gran amistad personal del director general de V. W. Distribución y el exsocio de C. M. Electric, que incluso hacía que las dos familias pasaran sus vacaciones juntas en dos

---

del *rapport* es facilitar información significativa para mejorar la oferta, sea cual sea su porte debe reunir condiciones de simplicidad y sintetismo. Su capacidad de facilitar la relación entre distintos datos es otra de las virtudes de un buen *rapport*.

apartamentos vecinos en la playa y que compartieran su ocio jugando al golf y pescando en su fueraborda.

Según iba repasando todos estos contenidos, su preocupación se iba incrementando. Sin duda, había que repasar a conciencia cómo iba a ser la entrevista del lunes. Recordando los comienzos de su profesión y como tenía costumbre, buscó entre sus apuntes del Curso Superior en Dirección Comercial y de *Marketing* la relación o análisis que debemos hacer para el conocimiento absoluto de la empresa (cliente):

Conocimiento de la empresa

- La empresa
    - *¿Qué tipo de empresa es y cuáles son sus actividades?*
    - *¿Cuál es su dimensión?*
    - *¿Es independiente o forma parte de un grupo?*
    - *¿Es rentable?*
    - *¿Está creciendo o se contrae?*
    - *¿Hemos tenido tratos con ella anteriormente? ¿Cuáles y cómo fueron?*
    - *¿Tiene una imagen tradicional o moderna?*

- Sus productos o mercados
    - *¿Qué fabrica la empresa? ¿Qué servicios presta?*
    - *¿Qué posición tiene en el mercado?*
    - *¿Su mercado está en expansión o se contrae?*
    - *¿La empresa está desarrollando nuevos productos o servicios?*
    - *¿El clima económico actual le favorece?*
    - *¿Favorece también a sus clientes?*
    - *¿Quiénes son sus principales competidores?*

- Su personal

  - *¿Quién es el responsable de la compra del tipo de servicios que le ofrecemos?*
  - *¿Qué clase de persona es?*
  - *¿Quién es más probable que participe en la decisión de compra?*
  - *¿Qué sabemos de ellos?*
  - *¿Quién tiene realmente el poder?*

- Sus sistemas

  - *¿Cómo funciona su sistema de compras?*
  - *¿Quiénes son los directivos clave del sistema?*
  - *¿Cómo funciona su sistema de tesorería?*

- Sus proveedores

  - *¿La empresa ha comprado antes productos o servicios del tipo de los que vamos a ofrecerle?*
  - *¿Quiénes son sus proveedores actuales?*
  - *¿Cómo es el servicio que dan?*
  - *¿Cuál es la gama y los precios de su oferta?*

Del mismo modo, analizó cuidadosamente los rasgos, características y comportamiento de nuestro señor Gómez, fundamental conocimiento para formar su estrategia en la negociación.

TIPO	CÓMO SE COMPORTA	ESTRATEGIA
Amistoso	Receptivo. Afirma con la cabeza. Sonríe. No toma decisiones.	Intentar forzar la venta, sintetizando, cada vez que se muestre conforme.
Parlanchín	Interrumpe. Desvía el tema. Al final de la reunión dice que ha sido muy agradable e invita a repetirla.	Aprovechar sus pausas para volver al tema.

TIPO	CÓMO SE COMPORTA	ESTRATEGIA
Callado	Habla poco. Escucha atentamente. Es difícil saber lo que piensa.	Intentar hacerlo participar con preguntas abiertas. Aguantar sus silencios.
Mentiroso	Hace grandes planes. Promete grandes negocios. Con el tiempo se desvanecen siempre.	Pedirle una entrevista a más alto nivel o un pedido de prueba. Invitarlo a concretar los detalles del gran pedido.
Obstinado	De ideas fijas. Cuando se haya formado una, ya no se le podrá cambiar. No sirven los argumentos. La crítica más sutil a su decisión será una ofensa y no se podrá cerrar la venta.	Realizar la presentación construyendo el razonamiento paso a paso para retrasar al máximo sus «conclusiones» acerca de la oferta.
Vanidoso	Necesita mostrar su importancia y su poder. Le importa cómo le vean los demás, sobre todo sus superiores.	No deshinchar su vanidad. Buscar algo laudable, pero sin caer en la adulación. Ceñirse a los hechos, evitando el terreno de las opiniones.
Experto	Ya está de vuelta. Pone a prueba al vendedor. Sabe apreciar una buena presentación.	Ir muy bien preparado. No marcarse faroles, los descubrirá. Ser franco y, si es oportuno, no dudar en pedir su consejo.
Inexperto	Desconfía por temor a equivocarse. Al principio le faltan datos. Es posible que en sus primeros días vea limitada su capacidad de decisión.	Cuando la empresa le ha elegido es porque le cree capacitado. Tratarlo con respeto. Facilitar la reunión, ayudar a organizarla. Ponerle al día respecto a su empresa y a sus productos.
Tímido	Es una característica personal, no un defecto. Puede parecer que el vendedor le aburre.	Utilizar técnicas participativas: cálculos conjuntos, preguntas abiertas, análisis compartido del producto, etc.

TIPO	CÓMO SE COMPORTA	ESTRATEGIA
Ocupado	El teléfono no para de sonar. Otras personas interrumpen constantemente la reunión.	Dejarse impresionar por su capacidad de trabajo, tal vez así se relaje lo suficiente como para empezar la conversación. Intentar cambiar la cita para un momento menos difícil. Recordarle respetuosamente que su tiempo también es valioso.

Una vez analizada con cuidado esta relación, entendió que el señor Gómez podía ser calificado como obstinado, de ideas fijas. Cuando se formaba una idea no admitía argumentos. Seguramente, la indicación de su director desvanecería totalmente todos los argumentos que Juan pudiera presentar. Sin duda, nuestro hombre se presentaba al día siguiente ante un examen inesperado.

Repasó el pedido general firmado el año anterior, las curvas de desviaciones, las ampliaciones realizadas a lo largo del año, la facturación por grupos de materiales y, por último, analizó una y otra vez el pedido-contrato que pretendía firmar para el próximo año.

Un sudor frío le apareció al pensar en la posibilidad de una más que posible desviación de comportamiento de su cliente y con esta sensación se acostó, deseoso de que amaneciera para enfrentarse a la situación.

Capítulo II

Siete y cuarto de la mañana. Juan saltó de la cama sin esperar a que sonara el despertador, impaciente por abordar cuanto antes los avatares del día. La preocupación sobre la entrevista con Gómez no le dejó descansar cómodamente. Después de la ducha se colocó delante del espejo y, como era habitual, comenzó un cuidadoso afeitado. Tenía que mentalizarse a conciencia, era un día muy especial. Seguro que no iba a ser suficiente con realizar bien su trabajo; la suerte jugaría con seguridad en los resultados que se obtuvieran. Abrió el armario y eligió con esmero camisa, traje y corbata, los zapatos bien limpios. Analizó en el espejo el resultado de su cuidadoso aseo con satisfacción. Sin embargo, en su mente estaba la fotografía de Gómez, sin que consiguiera borrarla ni un momento.

Con tiempo suficiente para ser puntual a su cita, recogió todo lo necesario: el nuevo catálogo, la propuesta de pedido, la información técnica de los nuevos materiales y, sobre todo, la ilusión y su habitual espíritu de lucha, que en tantas ocasiones le había sido útil para desvanecer dificultades.

Bajó al garaje y calmadamente se introdujo en su nuevo coche, flamante Ford Mondeo, del que tan orgulloso se sentía; recién estrenado, pero con un montón de letras pendientes por pagar.

El día era gris y una suave lluvia caía lentamente. Media hora después se encontraba en el aparcamiento de V. W. Distribución. Recogió su portafolio y las muestras de los nuevos productos y se encaminó a las oficinas con paso firme y seguro, como el del guerrero que conoce perfectamente el lugar y las condiciones de la batalla.

—Buenos días. Por favor, estoy citado con don Luis Gómez. —Una atenta señorita le indicó que esperase unos minutos en la salita de espera.

Juan intentó despejar sus pensamientos sin poder evitar hacer un repaso a todos sus argumentos. Pasaban veinte minutos de la hora concertada y un mal presagio pasó por su cabeza. Primero, no era habitual en Gómez hacer esperar en una cita concertada. Segundo, siempre había hecho valer el que su tiempo y el de su empresa era tiempo igualmente importante. Comenzó a pasear nervioso por la sala cuando la señorita de recepción le indicó la posibilidad de pasar al despacho del señor Gómez.

—¿Qué tal, Luis? —le saludó de forma jovial y afectiva.

—Muy bien, ¿y tú? Siéntate, por favor. Disculpa por haberte hecho esperar. Tenía que resolver algunos problemas.

—No tiene importancia. Además, la razón de nuestro encuentro bien merece un retraso. En primer lugar, tengo el enorme agrado de compartir contigo y tu empresa la felicitación recibida de mis jefes por los muy buenos resultados que las dos compañías han tenido a lo largo de este año. Sin duda, el esfuerzo que hemos realizado ambos ha sido fructífero —comentaba mientras observaba muy atentamente el gesto de su cliente, el cual no daba ni el más mínimo síntoma de entusiasmo. Callado, oía la exposición de Juan sin hacer ni el más pequeño gesto—. En esta relación están comprendidas todas las entregas realizadas. Vemos claramente que el aumento de ventas ha sido del 32 por ciento con respecto al año anterior y los plazos de entrega han mejorado de cuatro a tres semanas. Es magnífico, ¿verdad?

—Sí, es cierto, ha sido un buen año.

Nuevamente se hizo el silencio.

—Bien —continuó Juan—, confío en que estos resultados hagan que las esperanzas de un común negocio para el año próximo sean aún más prometedoras. Aquí te presento el proyecto del nuevo contrato. ¿Verdad que es atractivo?

—Juan —respondió Gómez—, siempre he sido fiel a la confianza que tú y tu empresa habéis merecido; no obstante, las cosas han cambiado. —Juan, que tenía en su haber multitud de situaciones difíciles, comenzó a darse cuenta de que se encontraba ante la situación que fatalmente vaticinaba—. Tú conoces a la perfección que la fidelidad a vuestra marca —continuó Luis Gómez— siempre ha estado principalmente fundamentada en la calidad, calidad que desde la dirección técnica de tu compañía siempre ha sido inmejorable. —Juan escuchaba con gran atención al tiempo que ponía todas sus neuronas a trabajar aceleradamente, preparando la respuesta—. Pues bien, en este momento vuestra dirección técnica ha variado. Alberto Salmerón ya no está con vosotros y no tenemos conciencia de cómo va a resultar el próximo año. Alberto personalmente nos ha visitado, nos ha entregado su catálogo y nos merece un gran respeto y confianza, por lo que hemos considerado que tenemos la obligación de concederle una oportunidad.

Un nudo en la garganta impedía a Juan dar una respuesta inmediata, por lo que tuvo que hacer un esfuerzo para responder.

—Sin duda —dijo Juan—, la exposición que me haces honra, como siempre, tanto a ti como a tu empresa. De todas formas, verás por nuestro nuevo catálogo que no solo no hemos sufrido en absoluto merma de calidad, sino que aumentamos nuestros productos con nuevos de mayor tecnología y, como siempre, cuidadísima calidad.

En ese momento le hizo entrega de la nueva serie, de magnífica presentación y atractiva publicidad.

—Juan, Juan, no es una cuestión mía. El director general está muy interesado en que firmemos con Alberto. Yo poco puedo hacer.

El momento era como para que Juan pensara entre morirse o encontrar la pócima milagrosa con la que seguir luchando. Sin duda, había llegado el momento de sacar el as de la manga.

—Luis, ¿piensas cambiar de proveedor en el momento actual, cuando solo éxitos hemos cosechado juntos, cuando el futuro no es una promesa, sino una realidad, y precisamente cuando he sido autorizado por mi dirección a concederos un *rappel* al consumo para el próximo año?

Luis cambió repentinamente de actitud, interesándose por el *rappel*.

—Hombre, un *rappel* me parece muy interesante, pero ¿no deberías habérmelo dicho antes? Me haces pensar que si no te digo lo de Alberto no lo habríais dado.

Juan había dado en el clavo. Su corazón calmó sus aceleradas pulsaciones y renació el hombre seguro y luchador.

—Luis, por favor, la honestidad ha sido y será siempre nuestra mejor arma de ventas. El contrato que tienes en tus manos, como verás, incluye el *rappel* al que nos referimos, con toda la escala y basado en la fidelidad, además de en la cifra de facturación. Por esto, precisamente ahora es cuando más os interesa por rentabilidad continuar con nuestra marca.

Luis estaba desarmado; su única razón se sustentaba en las órdenes de su director, quien posiblemente modificaría su determinación ante la posibilidad de obtener mayores beneficios.

—Luis —continuó Juan—, ¿te parece que te deje el contrato y pasado mañana nos reunimos de nuevo?

—De acuerdo. Me parece muy bien. —Le estrechó la mano con cordialidad y tal vez un poco dolido por su involuntaria actitud le acompañó hasta la puerta, despidiéndose hasta el miércoles a la misma hora.

Juan se encaminó hacia su coche y en su cabeza, aceleradamente, repasaba con cuidado toda la reunión. Era necesario hacer un concienzudo análisis de la situación y sus consecuencias. Tenía que luchar por conseguir ese contrato con todas sus fuerzas. Bien sabía que una multitud de éxitos podían desvanecerse ante un fracaso de tamaña magnitud. Su empresa tenía todas las esperanzas en él y no conseguir la firma de ese contrato podía significar una mancha más que importante en su trayectoria.

Salió lentamente del aparcamiento. Tenía que serenarse; la jornada no había terminado y tenía que ser el hombre luchador de siempre.

Treinta minutos después aparcó cerca de Suárez y Compañía, una empresa posible cliente en la que hasta la fecha no habían conseguido introducirse. Don Antonio López, jefe de compras, era una persona a la que calificaríamos como ocupada. Juan había conseguido ser recibido después de múltiples intentos. Llegó con tiempo suficiente, de modo que repasó la ficha y características de la empresa. «Tal vez tendría que haber pospuesto esta entrevista», pensaba Juan. La preocupación del contrato de V.W. Distribución podría afectar los resultados de su próxima visita. Juan sacudió la cabeza, queriendo apartar este pensamiento. Un vendedor de altura tiene que ser consciente del momento y de que detrás de cada batalla hay siempre la esperanza y la necesidad de ganar la siguiente.

—Buenos días. ¿Sería tan amable de anunciarme a don Antonio López, por favor? —dijo al tiempo que entregó su tarjeta de visita.

La señorita de recepción, con una sonrisa amable, llamó por teléfono al señor López, quien le autorizó de inmediato a ser acompañado hasta su despacho.

Llegó hasta una oficina pequeña, donde parecía que se resolvían todos los problemas del planeta.

—Tome asiento, por favor —le indicó sin levantarse de su sillón mientras mantenía una conversación telefónica—. No, señor. No estoy dispuesto a aceptar ni sus disculpas ni su retraso en la entrega. El pedido considérelo anulado y, naturalmente, conocerán nuestra postura para el futuro… No, no y no. El daño que nos han causado con nuestro cliente no admite reparación posible. Lo siento… Adiós.

Colgó violentamente el teléfono. En su cara se apreciaba el enorme malestar de su conversación. Juan esperó pacientemente a que se serenara.

—Perdone, señor… Martín —dijo mirando la tarjeta—. Usted dirá.
—Gracias por haberme recibido. Posiblemente, es mal momento…
—No, no se preocupe. *Dígame, ¿en qué* puedo atenderle?
—Hace tiempo que mi compañía tiene especial deseo de presentarle nuestros productos, que sin duda usted conoce…

Sonó el teléfono, que el señor López levantó sin pedir excusas.

—¿Sí? Sí, yo soy. Páseme. Joaquín, ¿cómo estás? Muy bien… Naturalmente, ja, ja, ja… Somos los mejores. Ha salido en el reparto de hoy. Como verás, lo difícil lo hacemos rápido y lo imposible, deprisa… De acuerdo, hasta mañana… Chao. Disculpe, señor Martín. ¿Me decía?

En ese momento entró en el despacho un joven que, pidiendo permiso, se acercó a la mesa del señor López.

—Perdone, don Antonio. Tiene que firmarme estos pedidos, son urgentes.

Sin más dilación, el señor López procedió a firmar los pedidos contenidos en una carpeta.

Nuestro Juan, lejos de incomodarse, puso en marcha el plan «AIDA». En la venta, esta famosísima frase es la ley para conseguir un pedido[2]:

A: ATENCIÓN
I: INTERÉS
D: DESEO
A: ACEPTACIÓN

Tenía que conseguir su atención.

—Don Antonio, sin duda es usted un hombre muy ocupado. Como es de gran importancia para su empresa el contenido de mi visita, le ruego que me conceda otra cita en la que pueda atenderme. —Juan se puso de pie con intención de retirarse.

—Por Dios, Juan, siéntese, por favor. Y perdone. —Cogió el teléfono—. No me pase ninguna llamada.

¡Había conseguido su atención!

---

2 Convención Crady. París, 1968.

—Bien, como usted sabe, nuestra empresa es líder en el sector. Desde hace muchos años comercializamos todos nuestros productos por una red fija de distribuidores a los que dedicamos todo nuestro esfuerzo y fidelidad. Las cifras de ventas son de gran importancia y más del 90 por ciento de estas están canalizadas por esta red. —Sin duda, había logrado, además de su atención, su interés.

—En distintas ocasiones me he dirigido a ustedes solicitándoles la distribución de sus productos sin obtener ni el más mínimo caso —respondió López.

—Lamento que tenga este concepto. No obstante, la actitud a la que antes me refería es precisamente la explicación a su respuesta. En todos los casos nosotros canalizamos las ventas por distribuidores y cualquier consulta la conducimos por ellos, lo que favorece siempre, a la larga, tanto a nuestra empresa como a nuestros clientes. En este momento, dada la importancia que en el mercado ha adquirido su empresa, nos hemos cuestionado la conveniencia, tanto para ustedes como para nosotros, de ampliar nuestra red con un nuevo distribuidor, Suárez y Compañía.

—Bueno, me siento halagado y agradezco en nombre de mi empresa su ofrecimiento. No puedo ocultar que sus productos son de nuestro interés, pero ¿cuáles son sus condiciones?

—Señor López, le he hablado de seriedad comercial. Usted sabe que únicamente con esta filosofía se puede conseguir el éxito comercial. Las condiciones son las de todos nuestros actuales distribuidores. Un pedido proforma que permita tener en sus estanterías la base de nuestros productos, un total apoyo publicitario y promotores de negocio de nuestra empresa dirigido a sus ventas.

En ese momento Juan extrajo de su portafolio el listado del pedido proforma. López hizo ademán de cogerlo, pero Juan quiso hacer valer la «D» de «DESEO», reteniéndolo por unos segundos.

—Muy… interesante. Bien, bien… De acuerdo. Juan, estoy seguro de que ha hecho hoy el mejor de sus negocios. Nuestra capacidad de mercado está totalmente a la altura de su empresa. Estoy convencido de que conseguiremos grandes proyectos. Mañana recibirá el pedido. —Se levantó de su sillón y tras un fuerte apretón de manos le acompañó hasta la salida.

Nuestro hombre salió a la calle con una alegría contenida que se reflejaba en su rostro. Era el momento de hacer análisis de las dos visitas. Se dirigió a su oficina. Redactaría los informes y analizaría profundamente su contenido. Tenía que comenzar a trabajar en la reunión con Luis Gómez. Le sobresaltó la llamada de su teléfono móvil.

—Sí, Carlos. —Era su director comercial.
—Juan, necesito tener una reunión contigo. Es muy urgente.
—Precisamente me dirijo a la oficina. Estaré allí antes de media hora.
—Bien, te espero en cuanto llegues.
—De acuerdo, hasta luego.

Colgó el teléfono. La curiosidad comenzó a dar vueltas en su cabeza. «Qué raro», pensó. No era normal que Carlos le llamara con urgencia. Era conocedor de que todos los días pasaba por la oficina a redactar los informes y preparar las visitas. Pensando en cuál podría ser la causa de la inesperada llamada llegó hasta las oficinas de C. M. Electric.

Con paso rápido se encaminó a su oficina. Sobre su mesa tenía las hojas de las llamadas recibidas: «Señor Fernández, de Almacenes Generales, llamar urgente». Cuatro llamadas. Sin duda, era urgente. «¿Qué pasará?», se preguntó. Dejó su maletín y se encaminó hacia el despacho de Carlos Bustamante, director comercial, hombre amable, cordial, educado y un profesional como la copa de un pino, incansable dialogador y luchador tenaz. Tenían suerte de tener un jefe así, con solo 43 años y un brillantísimo currículo.

Mientras se encaminaba hacia el despacho de Carlos, se imaginaba la satisfacción con la que recibiría la noticia del pedido de Suárez y Compañía.

—Pasa, pasa, Juan. Siéntate, por favor.

—¿Qué sucede, Carlos? —Su cara expresaba un enorme enfado.

—Me ha llamado Fernández, de Almacenes Generales. Dice que lleva todo el día intentando hablar contigo y que no le haces ni caso. Parece ser que ha conseguido un cliente nuevo, la Compañía General Hidroeléctrica. Han realizado un suministro con botellas terminales de media tensión de nuestra marca y han sufrido un accidente. Una de ellas ha explotado, dañando a un operario. Seguramente, por algún defecto de montaje, pero nos responsabilizan del caso. Fernández está indignado; dice que por nuestra culpa va a perder un cliente potencial que les ha costado años conseguir. Nos ha amenazado con llevarnos a los tribunales. Juan, toma todo el interés en el asunto. Acércate a ver a Fernández y procura calmarle.

Juan había escuchado todo el relato sin abrir la boca. No era momento de decir a Carlos el problema surgido con V. W. Distribución.

—De acuerdo, voy a enterarme de lo ocurrido. Por cierto, hemos conseguido el pedido de Suárez y Compañía. Después te informo. Hasta luego. —Salió del despacho rápidamente.

—Juan, Juan —llamó Carlos—. ¿Qué ha pasado con Luis Gómez? ¿Tienes el pedido?

—Luego te comento. Regreso nada más almorzar.

Sin lugar a dudas, el día comenzó torcido y prometía continuar igual. En fin, habría que coger el toro por los cuernos.

Capítulo III

De nuevo se encontraba en el coche, camino de Almacenes Generales. Fernández, el director comercial de esta firma, era un hombre de los que calificamos en el cuadro como mentiroso. Siempre prometió grandes pedidos sin llegar nunca a realizarlos. No era la primera vez que les involucraba en problemas de sus clientes. Su cifra de compra estaba muy por debajo de la media de los demás distribuidores; no obstante, se le prestaba una gran atención, lo que hacía que en muchas ocasiones se tuviera la sensación de que era un aprovechado.

Por fin llegó al polígono industrial donde se ubicaba Almacenes Generales. Unas escaleras conducían a las oficinas y, dada la confianza de tantas visitas, se dirigió directamente al despacho de Fernández.

—¿Se puede?

—Un momento, Juan. —Salió Ana, la secretaria de Fernández, indicándole que la acompañara hasta la sala de reuniones.

Al cabo de cinco minutos entraron en la sala Fernández, Óscar García (director general), Marcelino Piernas (vendedor), Laura Díaz (directora de administración) y Gonzalo Porras (jefe de compras). Juan no daba crédito ante la inesperada cantidad de personas. En el ambiente se captaba olor a problema gordo a la vista.

—Juan —comenzó Fernández—, nos encontramos ante una situación nunca vivida en nuestra empresa. —Su tono de voz y su mirada eran amenazantes—. Nuestro grado de confianza en vosotros ha dado al traste con las mayores expectativas de negocio en nuestra empresa.

—Perdón —interrumpió Juan—. Creo que, sin ponernos nerviosos, tenemos que analizar en primer lugar lo sucedido, remediarlo y posteriormente encontrar las responsabilidades y a quién corresponden.

Fernández, rojo de ira, continuó en tono violeto, casi gritando:

—¿Qué quieres decir? Hemos perdido el cliente más apetecido del mercado eléctrico. ¿Analizar? ¿Qué quieres analizar? ¡Vuestros productos, vuestra falta de calidad y vuestra irresponsabilidad han arruinado nuestro trabajo de años! ¿Encontrar responsabilidades? ¡¿De qué vas?!

—Fernández, a gritos es imposible llegar a razones. Veo que estás muy nervioso y es imprescindible conocer las causas de la explosión de la botella terminal. Nuestro laboratorio tiene que analizarlo y de antemano pensamos que tiene que ser culpa de un defecto en el montaje.

—Lo que me faltaba. ¿No sabe trabajar nuestro cliente? —continuó gritando—. ¡¡¿La Empresa Nacional Eléctrica no sabe trabajar?!! ¡¡Vosotros sí que no sabéis trabajar!!

—Fernández —volvió a interrumpir Juan—, lamento no poder continuar recibiendo insultos a mi compañía, de contrastada y reconocida calidad, en un juicio que a todas luces es precipitado y atrevido. —Diciendo esto, se puso de pie mientras el resto de personas permanecían en silencio, como disfrutando del espectáculo bochornoso que Fernández ofrecía.

—Bien —continuó Fernández—, esperamos una certificación urgente de lo ocurrido. En tanto, comunica a tu empresa que doy orden para retener todos los pagos en garantía de los daños y perjuicios que vamos a demandaros.

Juan abandonó la sala casi sin despedirse. Pensaba que había vivido una película de ciencia-ficción. ¿Era posible tal irresponsabilidad? Sin duda, habían perdido la cabeza, además de la educación.

Eran las dos y media, no tenía tiempo de ir a almorzar a casa. Entró en una cafetería y tomó un par de canapés. Su estómago no admitía nada más. A los pocos minutos se encaminó de nuevo a su oficina.

A las tres y cuarto, ya en su despacho, procedía a redactar los informes de las visitas realizadas. De pronto se dio cuenta de que no había avisado a su mujer de que no iría a almorzar.

—¿Mari? Hola. Perdona, pero no puedo ir a comer… No, no pasa nada. Tengo mucho trabajo… Bueno, intentaré llegar pronto. Hasta luego.

La esposa de Juan, Mari, era una mujer extraordinaria, pendiente siempre tanto de Juan como de sus tres hijos, cariñosa y comprensiva. La verdad es que ambos se felicitaban de lo magnífica que resultaba su familia.

Sin más dilación se dispuso a comenzar los *rapports*:

RAPPORT Nº: 1234   *Fecha: 21 enero 2002*
10:00 horas
Empresa: V.W. Distribución
Persona visitada: D. Luis Gómez
Cargo: Jefe de compras
Motivo de la visita: Renovación del contrato (pedido proforma anual)

Informe:
Presento a Gómez las estadísticas de ventas del año pasado, gráficos de consumo por productos y cifras alcanzadas totales. Hago entrega del modelo de pedido para el año y le felicito por el éxito alcanzado en el pasado ejercicio. Gómez me hace saber la decisión de su empresa de anular nuestro contrato, pasándolo a la nueva de Alberto Salmerón. Parece ser que la amistad personal de este con el director general de V.W. Distribución prima sobre los brillantes resultados de las ya históricas relaciones. Finalmente, y principalmente motivado por el nuevo «rappel» de consumo, quedamos citados para el próximo miércoles a las diez para tomar las decisiones definitivas.

RAPPORT Nº: 1235   *Fecha: 21 enero 2002*
11:30 horas
Empresa: Suárez y Compañía
Persona visitada: D. Antonio López
Cargo: Jefe de compras
Motivo de la visita: Primera visita con el objetivo de conseguir a esta compañía como distribuidora

Informe:

Don Antonio López es una persona muy ocupada, consigo llamar su atención a duras penas. No obstante, consigo interesarle y me concede la oportunidad de presentar ampliamente nuestro proyecto. Presento nuestras generales condiciones para conceder la distribución, que son aceptadas. Mañana pasará el pedido y dentro de unos días le visitaré nuevamente para comenzar lo que promete ser una futura y muy buena relación comercial.

RAPPORT N°: 1236   Fecha: 21 enero 2002
12:30 horas
Empresa: Almacenes Generales
Persona visitada: Sr. Fernández
Cargo: Director comercial
Motivo de la visita: Atender su llamada sobre accidente con una botella terminal

Informe:

Me veo sorprendido en una reunión a la que asiste el señor Fernández acompañado por don Óscar García (director general), don Marcelino Piernas (vendedor), doña Laura Díaz (directora de administración) y don Gonzalo Porras (jefe de compras). En esta reunión el señor Fernández, con la complacencia de todos los asistentes, se dedicó a descalificar a nuestra empresa, calificándola de carente de calidad y de irresponsable. Nos culpa, directamente y sin haberlo sometido a investigación alguna, del accidente sufrido por la Compañía General Hidroeléctrica. Me hace sabedor de su decisión de congelar los pagos a nuestra empresa como garantía de daños y perjuicios. Sugiero poner en conocimiento del caso a nuestra asesoría jurídica y estudiar por la dirección comercial la actuación futura con esta compañía.

Una vez terminados los informes, acercó una copia de ellos al despacho de Carlos, su director comercial, dejándoselos encima de la mesa por no haber regresado aún del almuerzo. Habían pasado unos minutos, tenía que realizar una serie de llamadas para preparar entrevistas. Carlos apareció en el despacho con los informes en la mano.

—Vaya día, ¿no? Enhorabuena por el contrato de Suárez y Compañía, pero creo que tenemos un más que importante problema. Tú sabes sobradamente, Juan, que nos pagan solo por los éxitos y no firmar con V. W. Distribución puede poner tu trasero y el mío en la calle. Tú *verás có*mo te las arreglas. Es tu cliente y el miércoles tienes que conseguir el contrato como sea. Por otra parte, con Fernández, ya sabes bien cómo es, te ha faltado mano izquierda. No podemos anular su cifra de compra en un momento en el que la competencia está al acecho. Pídeles disculpas y consigue que se calmen. No nos interesan pleitos… ¿De acuerdo?

Desapareció de su despacho, dejando a Juan con un palmo de narices, como se suele decir. Era el colmo: encima de haber sido maltratado, de haber defendido a su empresa, era calificado de falto de tacto. El colmo.

Realizó las llamadas pertinentes, preparando el trabajo para la jornada del martes. Una vez finalizadas, en su cabeza retumbaba la voz de Carlos: «Pídeles disculpas y consigue que se calmen».

—¿Oiga? ¿Almacenes Generales? Por favor, ¿Marcelino Piernas? Sí, espero… ¿Marcelino? Buenas tardes, soy Juan Martín. Sí, ha sido muy desagradable… Verás, te llamo con la intención, si te parece bien, de ir juntos a visitar a tu cliente y poder analizar convenientemente las causas del accidente, al tiempo que demostraremos el interés de ambos en dar solución al caso. ¿Qué te parece?… Perfecto. ¿A las nueve te recojo?… Muy bien, hasta mañana.

Eran las ocho y cuarto de la tarde. Juan recogió ordenadamente su mesa y se dispuso a marchar a descansar a su casa. Tenía media hora de camino y se encontraba agotado; el día había sido de los duros. Por fin llegó a casa, un chalecito adosado a las afueras de la ciudad. Al cerrar la puerta tras de sí tenía siempre la sensación de encontrarse en el lugar más acogedor y seguro del mundo, donde ni las preocupaciones de trabajo ni los problemas podían entrar. Juan era consciente de las razones por las que se esforzaba cada día en la jungla de la vida comercial: su familia, su encantadora esposa y sus tres maravillosos hijos. Se sentía un hombre afortunado.

El beso con el que le recibía su mujer era como la bienvenida del guerrero después de la batalla, reconfortante y alentador. Juan tenía la sensación cada jornada de recibir con ese beso la carga necesaria para convertir en energía su agotamiento.

Después de una agradable cena con toda la familia, dedicó unos minutos a repasar el trabajo del próximo día: a las nueve debía recoger a Marcelino Piernas. Tenía que esforzarse en arreglar el asunto. A las once, entrevista con Roberto de Santiago, director de Albatesa, posible cliente importantísimo, con quien existían perspectivas de firmar un magnífico contrato. A la una y media, almuerzo con Pedro García Hernández, de Tarrom, cliente habitual que necesitaba una ayuda comercial y económica para este nuevo año. A las cuatro estaría en la oficina y ojalá pudiera presentar buenos resultados, sobre todo de la gestión con Marcelino.

Una vez finalizado su habitual repaso de trabajo, se dispuso junto con Mari, su mujer, a descansar viendo un poco de televisión. Seguro que, como siempre, al rato el sueño le dominaría.

—Juan —le despertó Mari—, mañana tengo hora con el ginecólogo para la revisión anual. ¿Vendrás conmigo?

Juan despertó y tuvo que hacer un esfuerzo para situarse.

—Claro, cariño. Siempre te he acompañado. ¿A qué hora? («Ojalá no sea por la mañana», pensó).

—A las cinco. Si no puedes no pasa nada, iré sola. Es una consulta de rutina.

—No, por supuesto que te acompañaré, pero no almuerzo en casa, así que a las cuatro y media te recojo, ¿vale?

—Sí, estupendo. Y si nos da tiempo recogemos a los niños de la parada del autobús del colegio y vamos al cine. ¿Qué te parece?

El proyecto parecía prometedor. Dando de nuevo vueltas a la entrevista con Marcelino y su cliente se fue a la cama a descansar.

Capítulo IV

A las siete y media sonó el despertador y rápidamente saltó de la cama. Comenzó el habitual rito de un cuidadoso aseo. Había que prepararse para la lucha. La elección del traje y la corbata era importante. Después de desayunar salió a la calle con las ganas del guerrero, a comerse el mundo.

08:50 h. Juan llegó a la puerta de Almacenes Generales, cogió su teléfono móvil y se dispuso a llamar a Marcelino.

—¿Marcelino? Buenos días… Sí, estoy en la puerta. Te espero.

A los pocos minutos apareció Marcelino. Era un hombre de aspecto risueño y agradable, un buen conversador, amable y educado. Seguramente, el mejor vendedor de Almacenes Generales. Entró en el coche de Juan, saludándolo efusivamente.

—¿Qué tal, Juan? ¿Se te ha pasado el cabreo? Menuda cara llevabas. Y no fue para menos.

—Bueno, la verdad es que me sorprendió la actitud de Fernández. ¿Cómo se puede tomar una postura tan intransigente sin haber verificado absolutamente nada? No lo entiendo. En fin, vamos a ver qué nos cuentan los de la Compañía Eléctrica.

En animada conversación llegaron a los talleres generales de la Compañía General Hidroeléctrica, parando ante la cabina del vigilante jurado.

—Buenos días, somos de Almacenes Generales y venimos a visitar a don Isidro García, de instalaciones.

El vigilante les facilitó las hojas de acreditación, permitiéndoles el acceso hasta la oficina del responsable de instalaciones.

—Hombre, Marcelino. Pasad, pasad. —Isidro era un hombre grandón de cara coloradota y manos grandes y toscas que apretaba al saludar como exprimiendo un limón—. *¿Qué os trae por aquí?*

—Te presento a Juan Martín, delegado de C. M. Electric. Venimos a informarnos del problema ocurrido con una botella terminal de su fabricación y que, al parecer, ha formado un gran revuelo.

—Ah, *sí,* hombre. Pero ya está resuelto el asunto. Parece ser que un nuevo operario, poco diestro, realizó un montaje de prácticas y no tuvo la precaución de rellenar totalmente la botella, por lo que se formó una bolsa ionizada, produciendo una explosión al meter tensión. Pero no ha ocurrido nada y, por supuesto, no hay responsabilidad de nadie. Las prácticas son así y se tomaron las precauciones pertinentes.

—Nos dijeron —respondió Marcelino— que había un herido.

—No, no pasó nada. Ya sabes que a la gente le gusta exagerar.

Juan, tranquilizado por el comentario de Isidro, aprovechó para presentar las novedades de su catálogo, con la satisfacción de Isidro y Marcelino.

—Bueno —continuó Isidro—, después del susto que os hemos dado, bien merec*éis* que os invite a un café, ¿de acuerdo? —Aceptaron la invitación y de este modo terminó la cordial entrevista.

Regresaron a Almacenes Generales, donde se quedaría Marcelino. En el camino, este había insistido mucho en lo avergonzado que se sentía por la actitud de Fernández y Juan se sentía feliz del resultado de los acontecimientos.

—No te preocupes, Marcelino, mejor es así. Tu cliente no tiene problema y Fernández tendrá que reconocer que se ha pasado. Y que conste que no lo digo por mí, es porque me duele que se ponga en duda la calidad de mi empresa.—Se despidieron amistosamente y Juan salió corriendo para llegar a tiempo a la cita en Albatesa.

Roberto de Santiago, director general de aprovisionamientos de Albatesa, era una persona superocupada, riguroso con la puntualidad y esclavo de la agenda. A las once en punto entró nuestro hombre en el majestuoso edificio de cristal donde Albatesa tenía su sede en veinte plantas, todas de lujoso porte.

En recepción se hizo anunciar y le indicaron que accediera a la planta novena, donde le esperaba a la puerta del ascensor la secretaria del señor De Santiago para acompañarle hasta su despacho.

—Buenos días, Martín. Pase, por favor —dijo invitándole a sentarse en una mesa de reuniones en la que únicamente había un bloc para tomar notas y la famosa agenda del señor De Santiago—. ¿Le apetece un café?

—Muchas gracias, encantado. —Sin duda, esta atención hacía más fácil la reunión, al tiempo que daba un clima de mayor acercamiento.

Llamó a Julia, su secretaria, que les atendió con gran amabilidad con los cafés.

—¿Han estudiado nuestra solicitud? —preguntó De Santiago.

—Por supuesto, estamos muy interesados en este asunto. Esta es una preoferta basada en fabricación especial sobre el diseño que nos facilitaron. No es habitual que nos apartemos de nuestro catálogo, pero dada la cantidad planteada estaríamos en condiciones de proceder a fabricar con una programación definida y con el diseño indicado, que, por cierto, es muy atractivo. ¿Ha intervenido usted en el diseño? —A De Santiago, además de ser una persona importante, le gustaba que los demás lo reconocieran, por lo que este halago fue eficaz y se notó que le satisfizo.

—Sí, el diseño ha sido recomendado por mí. He querido que su presentación sea modernista y atractiva, no quiero utilizar un producto de serie. Los equipos en los que va a ir instalado pretendemos que sean un impacto en el mercado, tanto por la calidad técnica como por su atractivo aspecto.

Juan se ilusionaba por momentos ante la posibilidad de conseguir tan importante contrato.

—Sin duda, nuestra compañía está preparadísima para satisfacer totalmente su necesidad. Únicamente tenemos que modificar el molde de la carcasa con su diseño y tendremos el material deseado, con la máxima calidad y el tan atractivo aspecto.

—Bien —continuó de Santiago—, tenemos claras tanto calidades como cantidades, que en un principio serán un 30 por ciento superiores a las comentadas. Hablemos de precios.

—Los precios que están reflejados en esta oferta se basan en los estándar, considerando que, por la cantidad solicitada y mediante una programación concreta, nosotros absorbemos las modificaciones del diseño y nuevos moldes.

—Por Dios, Martín, estamos hablando de más de veinte millones al año. Con sus precios estándar no entran ni en broma. Tenga, estúdienlo y modifiquen su oferta. Con estos precios no podemos seguir hablando.

—De acuerdo —dijo Juan—. Plantearé en mi empresa su indicación. No obstante, el producto que se va a fabricar no es fácil que otras compañías puedan suministrarlo ni en calidad ni en precio ni en plazo.

—Estúdienlo. Tenemos otras ofertas y puedo asegurarle que compiten en todo con ustedes.

Juan tenía que obtener más información.

—¿Nuestra competencia cumple en este producto toda la normativa y especificaciones?

—Por supuesto. La oferta más ventajosa es la de A. S. Electric y tenemos todas las especificaciones.

«Otra vez Salmerón. ¿Cómo podía haberse enterado de nuestra negociación?», se preguntaba Juan.

—De acuerdo, presentaré a mi dirección todo lo comentado y en breve me pondré en contacto de nuevo con usted. —Se despidieron, agradeciendo Juan la cordialidad recibida.

Era ya la una y veinte. Tenía que darse prisa para no llegar tarde a la cita con Pedro García. Había quedado directamente en el restaurante, cerca de las oficinas de Tarrom. El tráfico era intenso y Juan, como siempre cumplidor y casi enfermo de la puntualidad, comenzó a ponerse nervioso al pensar que haría esperar a Pedro.

—Pedro.
—¿Qué tal, Juan?
—Perdona, pero, aunque sea una mala excusa, el tráfico está endiablado.
—No te preocupes, he llegado hace dos minutos.

La mesa estaba reservada y se dispusieron a almorzar. Entre comentarios intrascendentes, medio personales, se pasó el tiempo hasta llegar los cafés, cuando Juan se dispuso a abordar el tema de la reunión.

—Bueno, Pedro, *tú* dirás en *qué* podemos ayudarte.
—Juan, tengo un importante problema. Tú sabes bien que en todos los largos años de relación nunca he sido un cliente pro-blemático. En este momento y por culpa de una muy importante

operación con la empresa Ceralta, hemos realizado un suministro de gran cuantía para una instalación de lácteos. Una vez suministrados todos los materiales, más los aumentados con muchas modificaciones, se empeñan en que fueron los de su intención de compra y necesidad, por lo que en este momento tenemos retenidos todos los cobros hasta llegar a un acuerdo. Esto significa que nos hemos comido toda nuestra tesorería y mientras no lleguemos al referido acuerdo (por otra parte, posiblemente inalcanzable) nos retendrán el pago, ocasionándonos un daño muy importante. —Juan prestaba gran atención a Pedro, que por momentos se ponía más nervioso y excitado—. Estamos hablando de más de treinta millones de pesetas. Tengo que atender los pagos a proveedores, nóminas de personal y Seguridad Social… Precisamente, tengo el vencimiento dentro de diez días de tres millones a tu empresa. Nunca he tenido la necesidad de plantear una cosa así a ningún proveedor y te aseguro que me siento muy mal al tenerte que contar esto.

—Pedro, tranquilízate —respondió Juan—. Puedes estar seguro de que expondré cuanto me comentas con todo el interés del mundo y es seguro que no habrá ningún problema. Eres un cliente magnífico y cumplidor. Seguro que se arreglará todo.

Pedro, cargado de emoción, seguía dando detalles y excusas a pesar que Juan le consolaba, quitando importancia al asunto.

Sin darse cuenta y continuando con la animada conversación, llegaron a las cinco menos cuarto, cuando reparó Juan en que había quedado con su mujer.

—Pedro, perdóname, he quedado en acompañar a mi mujer al médico. Quédate tranquilo. Mañana te llamaré y espero darte una buena noticia.

Con un abrazo se despidieron y Juan, alterado por su despiste horario, corrió a su coche al tiempo que llamaba desde su móvil.

—¿Mari? Hola, soy Juan. Termino ahora mismo… Sí, ¿quedamos directamente en la consulta? Vale… Sí, en quince minutos estoy… No, no corro. Hasta ahora.

Capítulo V

Llegó a la consulta corriendo. Al llegar, su mujer ya había pasado al doctor, por lo que esperó en la salita hasta que salió Mari.

—Lo siento, cariño. He corrido todo lo que he podido.
—No te preocupes. ¿Vamos a recoger a los niños?
—Sí, naturalmente. ¿Qué te ha dicho?
—Nada importante. Me ha mandado unas radiografías y análisis, como siempre.

Salieron como quien se dispone a disfrutar de unas vacaciones.

A la mañana siguiente madrugaron como siempre, pero en esta ocasión para llevar a Mari a hacerse los análisis. Era muy aprensiva y se mareaba con facilidad al ver sangre. Al terminar fueron a desayunar y a continuación, al radiólogo a hacerse la mamografía indicada por el doctor. Juan la esperó en la antesala, impacientándose por la inesperada tardanza. Casi una hora y no regresaba. Paseaba por la sala contando las baldosas del suelo con la intención de distraer su mente. Un cuarto de hora después salió su mujer con evidente cara de preocupación.

—¿Qué pasa, Mari?
—Vamos, me tienen que hacer más pruebas. Parece que han encontrado algo anormal.

A Juan le pareció que el mundo se le venía encima. Todo menos eso. Prefería la muerte antes de que les pasara algo malo a los suyos, sobre todo a su Mari. Para Juan no era solo su mujer, su compañera, la madre de sus hijos. Era la razón de su vida. Habían pasado muchos años juntos, pero el amor que por ella sentía era tan grande que solo pensar en algo malo le mataría.

—Bueno, no te preocupes, cariño. No será nada. Ya sabes lo alarmistas que son. No te preocupes. —Mari no dijo nada. Se abrazó a Juan y lloró desconsoladamente—. Por Dios, Mari, no llores. Verás como no hay razón para ello.

Eran las doce. Juan había llamado a Luis Gómez, de V. W. Distribución, aplazando la entrevista para las cuatro de la tarde. A pesar de la importancia y trascendencia de la misma, notó que no le importaban ni su trabajo ni su persona ni el mundo. No obstante, no podía hacer notar su estado de ánimo. Tenía que sobreponerse, demostrar su habitual entereza y aparentar falta de importancia.

Decidieron ir a almorzar juntos a un pequeño y acogedor restaurante, como si de un día importante en su vida se tratara. Juan se mostraba más risueño y alegre de lo normal; comentó anécdotas divertidas de sus hijos e incluso alguna confidencia de las que habitualmente no hacía sobre su trabajo. Mari, un poco influenciada por su marido, fue superando su estado de ánimo, regresando a casa después de almorzar con mejor talante.

Tenía que conseguir el contrato, era fundamental para su empresa y su futuro personal. No obstante y por primera vez, su cabeza estaba en otro lugar. «Tengo que concentrarme, seguro que estamos exagerando y no es nada». Influenciándose y dándose ánimos llegó a las oficinas de Luis, que ya le estaba esperando.

—Adelante, Juan, siéntate. Para no tener divagaciones, directamente te voy a resumir nuestra decisión. —Parecía que tenía prisa en quitarse el problema de encima—. La decisión de mi director, y no creas que no me ha costado trabajo convencerle, es repartir los pedidos entre las dos empresas. Por una parte, nos sentimos muy obligados con vosotros y por otra, ya conoces la afinidad de mi director con Salmerón y la confianza que sobre su persona tiene.

—Bueno, Luis —respondió Juan haciendo esfuerzos para seguir luchando por lo que aparentemente no tenía remedio—, parece que vuestra decisión es inalterable. No obstante, tengo la obligación de indicarte que con la reducción de la cifra de compra os vais a perjudicar en el *rappel* y es una verdadera lástima que dejéis de ser nuestro principal distribuidor. —Luis encajó el golpe. Tanto él como la empresa presumían de ser líderes en las marcas de elite.

—Juan, te prometo que la situación actual es transitoria. Haré todo lo posible por que se cumplan todas tus expectativas. Verás como la balanza cae de vuestro lado. No tenéis nada que demostrar.

Se despidieron después de ordenar Luis a su departamento de compras lanzar los pedidos correspondientes.

Al salir a la calle, su cabeza le llevaba directamente a su casa y así lo hizo, sorprendiendo a su mujer por lo anormal de tan temprana llegada, por lo que inmediatamente se arrepintió, poniendo por excusa el trabajo atrasado y retirándose a su despacho.

RAPPORT Nº: 1237   *Fecha: 22 enero 2002*
09:00 horas
Empresa: Almacenes Generales
Persona visitada: Marcelino Piernas
Cargo: Vendedor
Motivo de la visita: Solucionar el problema de Compañía General Hidroeléctrica

Informe:
Recojo a Marcelino Piernas y visitamos a Isidro García, responsable del departamento de instalaciones de la Compañía General Hidroeléctrica. Nos comenta que el accidente sufrido con una botella terminal de alta, de nuestra fabricación, ha sido un problema de un operario en prácticas, no ha tenido consecuencias y descarta totalmente responsabilidad al respecto. No ha tenido ninguna consecuencia en instalaciones ni personas. Aprovechamos la visita para comentar nuestros nuevos productos y dejamos documentación.

RAPPORT Nº: 1238   *Fecha: 22 enero 2002*
11:00 horas
Empresa: Albatesa
Persona Visitada: Roberto de Santiago
Cargo: Director general
Motivo de la visita: Presentar oferta de prototipos especiales

Informe:

Una vez presentada nuestra oferta y discutidas calidades, me comenta el señor De Santiago que nuestra oferta es perfecta en calidad y plazo de entrega. En precios nos desestiman con los actuales presentados. Tienen una oferta de mejor precio y es precisamente de A. S. Electric, de Salmerón. El resultado de la entrevista es que una vez estudiado por nuestra dirección y considerando las cantidades del pedido, que en principio serían un 30 por ciento superiores a las ofertadas, le visitaré nuevamente para intentar cerrar el asunto y poder firmar el contrato.

RAPPORT Nº: 1239   Fecha: 22 enero 2002
13:30 horas
Empresa: Tarrom
Persona visitada: Pedro García
Cargo: Director

Motivo de la visita: Atender llamada

Informe:

La empresa Tarrom, importante y fiel cliente, me presenta una situación puntual de problema de tesorería. El motivo es el incumplimiento de pago de su cliente Ceralta. Ha suministrado un importante pedido, en el que parte es material de nuestra fabricación, y que por el no reconocimiento de los materiales ampliados para la instalación han retenido todos los pagos, creándoles una cresta de falta de tesorería. En nuestro caso, solicita el aplazamiento de pago de tres millones de pesetas de vencimiento dentro de diez días. Es un cliente de máxima fidelidad y de una formalidad y lealtad inigualables. Por mi parte, creo

que es merecedor sobradamente de consideración. Espera la respuesta
de nuestro departamento financiero.

RAPPORT Nº: 1240 Fecha: 22 enero 2002
16:00 horas
Empresa: V. W. Distribución
Persona visitada: Luis Gómez
Cargo: Jefe de compras
Motivo de la visita: Negociar nuevo contrato

Informe:
Luis Gómez me indica la decisión de su dirección general de consi-
derar la oferta de nuestra competencia A. S. Electric, adjudicándonos
a nosotros el 60 por ciento de los pedidos. Me manifiesta su interés
en que seamos nosotros quienes obtengamos el máximo de los pedi-
dos que generen. Esto resulta en principio una reducción de nuestra
facturación, pero confío en su promesa y es posible que superemos la
cifra del año pasado.

Una vez terminados sus informes, Juan se puso a meditar sobre el trabajo del día siguiente cuando, desde el comedor, su mujer le llamó.

—Juan, a cenar.

Sus hijos, naturalmente ajenos a lo que estaba pasando en casa, se encargaron de amenizar la cena con bromas y alegres comentarios de la jornada en el colegio. Al terminar la velada y por culpa de los nervios del día se acostaron. Juan y Mari se abrazaron en la cama como expresando en silencio la necesidad de estar más unidos que nunca.

A la mañana siguiente, Juan madrugó para ir a la oficina antes de realizar las visitas correspondientes. Al llegar, Carlos le esperaba, impaciente por conocer los resultados de sus gestiones. Juan le entregó los informes, que leyó atentamente.

—Juan, lo siento, pero me has defraudado. No podíamos permitirnos perder un contrato de nuestro mejor cliente. La solución que has aceptado es mala y lamento decirte que en esta ocasión no has estado a tu altura. Será difícil hacer entender a la dirección que hemos fracasado ante la competencia. ¿Qué te pasa? ¿Tienes algún problema? *Tú no eres de los que aceptan fácil*mente un fracaso como este.

—Carlos, creo que no eres justo en tus apreciaciones. El pedido estaba completamente perdido. Salmerón se llevó de esta compañía, además de sus conocimientos, nuestros clientes. No será la única ocasión, tendremos más oportunidades y ojalá a quien le corresponda pueda sacar el resultado obtenido con V. W. Distribución.

—Tú sabes, y te lo advertí, que no valen los éxitos. Un fracaso nos pone en evidencia y este va a ser sonado.

Juan estaba furioso por la falta de comprensión. Carlos no entendía que no era un fracaso la negociación con Luis, sino un éxito. Malhumorado por la conversación, decidió que lo mejor era salir a hacer sus visitas y salió de la oficina.

Parecía que todos sus hados habían desaparecido o le habían dado la espalda. No estaba acostumbrado a tantos problemas continuados: en el trabajo, la falta de comprensión de su director comercial y los clientes con un hándicap aparecido con la competencia de un nuevo fabricante, que además fue director técnico de su propia empresa y conocedor de todo el mercado; en su familia, el posible problema de salud de su mujer. ¿Era hora de rendirse? La verdad era que no le apetecía mucho seguir luchando.

Iba caminando con estos pensamientos cuando recordó los sabios consejos de su viejo profesor Alberto Fernández: «Juan, cuando decaiga tu *ánimo*, cuando sientas flaquear tus fuerzas, cuando pienses que nada tiene solución, acuérdate: el mundo no es de los cobardes. Hay que luchar, tendrás que pelear con todas tus fuerzas y las de tu imaginación. Recuerda esta frase: ¡*éxito* o muerte!».

¡Qué gran maestro! Pensando en aquellos días y en la situación actual un nudo le oprimía la garganta, no pudiendo evitar que sus ojos se humedecieran con sus pensamientos. Tenía que seguir la lucha, sobreponerse y afrontar los problemas.

Realizó un par de visitas rutinarias y a las dos llegó a casa para almorzar.

Capítulo VI

—¿Hola? ¿Cariño? —Nadie respondió, lo que le hizo sobresaltarse. No pasó un minuto escaso y sonó la puerta, entrando Mari—. Hola, cariño. Me había asustado al no encontrarte.

Mari, sin decir nada, se abrazó a Juan, dejando caer dos lágrimas. Juan besó sus lágrimas, acariciando con dulzura sus mejillas.

—Vengo del hospital. Me han llamado esta mañana para hacerme con urgencia una biopsia. Estoy muy asustada.

—¿Qué pasa, mi vida? Ya sabes que no tenemos que preocuparnos hasta saber los resultados. —Juan sacó fuerzas de donde posiblemente no las tenía, consolando a su mujer—. No te preocupes, verás como todo sale bien. Hoy en día hay muchos medios y tenemos que ser optimistas. Iremos a ver a los mejores especialistas. Ya verás como todo sale bien. —Siguió abrazado, acariciando su rostro, hasta que consiguió calmarla.

Juntos prepararon la mesa y Juan nuevamente se esforzó en ser risueño y bromista hasta que consiguió una dulce sonrisa de su mujer.

Nada mas almorzar llamó por teléfono a su amigo el doctor Carlos Pérez, contándole lo ocurrido y pidiéndole consejo. Este le puso en contacto con un especialista de reconocido prestigio, que les atendería el próximo día a las diez.

Tenía que demostrar naturalidad, por lo que se dispuso a salir a trabajar, pero no le apetecía dejar a Mari sola con su preocupación, por lo que inventó una excusa para no salir esa tarde.

—Hoy he tenido una mañana terrible. Fíjate, después de conseguir que no nos anulen el total de un importante contrato me he ganado una bronca de Carlos. Es injusto, así que me quedaré esta tarde preparando el trabajo de mañana.

—Por mí no te preocupes —dijo Mari—, pero mañana hemos quedado a las diez. ¿No me acompañarás?

—Por supuesto —respondió Juan—, pero después tengo que seguir con mi trabajo. Tenemos que cumplir objetivos y no vamos muy bien.

Mari se sentó a su lado cogiendo su mano, agradeciendo su compañía. Así estuvieron largo rato, hasta la llegada de los niños del colegio, a los que decidieron no decirles nada por el momento, evitando preocuparlos.

Al acostarse, de nuevo se fundieron en un abrazo. Juan, aunque disimulaba su enorme preocupación bromeando y dándole ánimos, no podía apartar su pensamiento de la situación. La apretó, queriendo traspasar todo el mal para sí. Una vez que Mari se quedó dormida y sin poder conciliar el sueño, sollozó en silencio, apagando su dolor sobre la almohada.

Amaneció un precioso día. Juan, ya arreglado, miraba en silencio por el ventanal cómo los pajarillos revoloteaban de árbol en árbol, trinando alegres, como anunciando un día sin problemas, como si en el mundo solo hubiera sitio para la felicidad.

Salieron de casa camino de la consulta del doctor Aragón. Llegaron con antelación y unos minutos después fueron recibidos. Una vez finalizada la consulta (concienzuda, con radiografía, mamografía, análisis, etc.) fueron recibidos de nuevo por el doctor Aragón.

—Bueno, bueno, podemos estar muy contentos. Es, sin duda, un pequeño carcinoma. Es necesario extirparlo quirúrgicamente, pero aparentemente no tiene ramificaciones. Normalmente, son malignos; pero, repito, no hay que alarmarse. No hay ramificaciones y en un altísimo porcentaje de casos tiene una cura total. Pasen a mi secretario, el doctor Hernando, que les documentará los pasos a seguir. —Dándoles la mano, se despidió muy correcto.

Mari y Juan estaban impresionados. Parecían más dos robots que dos personas. Pasaron al despacho del doctor Hernando, quien con una exquisita delicadeza comercial expuso toda la tarifa de precios para el posible tratamiento. Al finalizar su exposición y, naturalmente, indicando que podían consultar a otros especialistas, los acompañó hasta la salida, donde una amable secretaria tenía preparada la factura, que a Juan, aunque daría la luna por la salud de su mujer, le pareció un auténtico robo.

Salieron de la consulta abrumados. Primero, por la certeza de que algo malo le pasaba, algo de lo que ni siquiera se atrevían a mencionar el nombre; segundo, por la cantidad de dudas sobre cómo afrontar el problema del mejor modo.

Juan la acompañó a casa y continuó viaje hasta su oficina. Al llegar a esta, Carlos le estaba esperando.

—Hola, Juan, te esperaba. Ya me comentarás el motivo de tu retraso. ¿Te importa acompañarme a mi despacho?

Juan le siguió sin hacer comentario alguno. Su pensamiento estaba lejos de la oficina y su preocupación era solo una, la salud de su mujer.

—Bien, tú dirás. Por cierto, he tenido que acompañar a mi mujer al médico. Tiene algunos problemas de importancia.

—Lo siento —contestó Carlos—. Siéntate, por favor. He recibido el encargo de la dirección de ocuparme personalmente del asunto de V. W. Distribución. Es necesario conseguir el total del pedido y piensan que tú no has puesto toda la carne en el asador. Lo lamento. Yo he tenido mucha fe en tu trabajo, pero creo que tus problemas personales te están desbordando.

Juan escuchaba en silencio; por un lado, irritado por la injusticia del comentario y por otro, ausente de las palabras de Carlos, ya que su verdadero problema estaba lejos de la oficina.

—No es necesario que te justifiques, Carlos. Los dos sabemos que no es cierto y lo que calificáis como un fracaso ha sido un éxito.

—Bueno, no es todo. La dirección técnica no aprueba modificar el diseño para Albatesa. Hay que convencerles de que nuestros productos son diseñados por nuestros técnicos y que estos se presentan con el máximo de calidad y corresponden siempre a nuestras especificaciones. Sin duda, el pedido es atractivo, pero tiene que tener el sello de nuestra marca. Tienes que visitar a De

Santiago y convencerle. Es un imperativo de la dirección. Si no te encuentras con fuerzas para realizar esta visita, te ruego que me lo digas y la realizaré yo.

Juan se preguntaba qué estaba pasando. Tantos años en la compañía y parecía que la confianza y la profesionalidad mil veces demostradas se venían a pique. ¿Qué le pasaba a Carlos? ¿Tan fuerte era la presión que le ejercían? ¿O quería aprovecharse de las circunstancias para obtener el ascenso a la dirección general?

—No te preocupes, Carlos —respondió Juan—. Con respecto al caso V. W. Distribución, te deseo el éxito que, según vosotros, yo no he sido capaz de obtener y con respecto al asunto de Albatesa, les visitaré, informándoles de la decisión adoptada. ¿Algo más?
—No, tenme informado lo antes posible —contestó Carlos.

Juan salió del despacho absolutamente abatido. A su problema personal se unía una verdadera crisis profesional. Una vez en su despacho, se preguntaba una y otra vez qué estaba ocurriendo, por qué todo se estaba complicando tanto. Tenía que sobreponerse, no podía permitirse una situación complicada en la empresa en este momento en el que tanto le necesitaban en casa. Su cabeza no paraba de darle vueltas y vueltas. Finalmente, decidió que en las circunstancias en que se encontraba lo mejor era dejar para mañana los asuntos profesionales y regresar a casa.
Al llegar a casa había recibido una llamada de su amigo el doctor Pérez, interesándose por su mujer. Inmediatamente se puso en contacto telefónico con él.

—¿Carlos? Sí, soy Juan. Hemos estado en la consulta de Aragón… Sí, tenemos todo el historial. Sí, sí… De acuerdo, en una hora estamos en tu consulta en el hospital. Gracias, hasta luego.

Al colgar le comentó a Mari la conversación con Pérez y se pusieron en marcha.

Pérez los esperaba junto con un colega del hospital, oncólogo, y un eminente cirujano del mismo. Les presentaron toda la historia. Con una gran sensibilidad les informaron de cuanto debían hacer. Mari y Juan se sintieron reconfortados por la forma en la que fueron tratados y coincidieron en darles toda la confianza, poniéndose en sus manos de inmediato. Quedaron en realizar las pruebas pertinentes para ser operada la siguiente semana.

Preocupados pero más optimistas regresaron a casa.

Juan pasó toda la noche dando vueltas en su cabeza al problema de su mujer. «Seguro que cogido a tiempo, como dijo el doctor, quedará perfectamente y con el tiempo será una anécdota», se repetía intentando buscar consuelo. Por otra parte, se preguntaba cómo presentaría a De Santiago la propuesta de su empresa. ¿Perdería el pedido? Seguro que sí… ¿En qué situación quedaría ante su dirección? ¿Por qué le habían quitado a su cliente V.W. Distribución? ¿Qué pretendía Carlos?… Y así fueron pasando las horas hasta que la claridad del nuevo día entró por la ventana. Dando un beso a su mujer lleno de amor, se dispuso a afrontar el nuevo día.

Condujo su coche directamente a las oficinas de Albatesa. Subió hasta la novena planta y se dirigió directamente al despacho de Julia, la secretaria de Roberto de Santiago.

—Buenos días, Julia. ¿Qué tal está? —dijo lo más jovial y agradable que pudo.

—Buenos días, señor Martín. Muy bien. ¿Y usted? — respondió Julia—. ¿Está usted citado?

—No, lo lamento, pero es un asunto de importancia —explicó Juan.

—En este momento está en una reunión. Voy a consultar cuándo le puede recibir. —Tomó el teléfono—. Señor De Santiago, está el señor Martín, que desea verle… Sí… De acuerdo, gracias. —Volvió a dirigirse a Juan—. Le recibirá en media hora. Dice que, por favor, le espere.

—Muchas gracias, Julia. Esperaré.

—¿Desea tomar algo? —preguntó Julia.

—No, muchas gracias.

Juan se sentó en una confortable butaca, poniendo en marcha su máquina de pensar, repasando cómo presentaría el problema.

No pasaron más que veinte minutos y tres personas salieron del despacho, acompañadas por el señor De Santiago, que las despidió cortésmente.

—¿Qué tal, Juan? ¿Cómo por aquí? —preguntó De Santiago.

—Perdón por no haber tenido oportunidad de solicitar una cita, pero el asunto es de importancia —respondió Juan, que observó que le había llamado por el nombre, lo que significaba acercamiento.

—Adelante, pase. O mejor pasa. ¿Nos podemos tutear? —preguntó De Santiago.

—Por supuesto, encantado. Aunque después de lo que tengo que contar igual tenemos que regresar al usted —dijo Juan bromeando, con objeto de quitarle hierro a su misiva.

—Me preocupas. ¿Qué sucede?

—Verás, la dirección técnica de mi empresa piensa que el equipo ofertado debe ser tal cual está en nuestro catálogo, sin modificaciones que obligarían a catalogarlo como un nuevo producto. Parece ser que se han puesto intransigentes al respecto. Yo comprendo su punto de vista y también comprendo el suyo, perdón, el tuyo, que además me parece más atractivo, pero me veo en la necesidad de presentarte el problema y, sin que sea algo definitivo, me gustaría conocer tu opinión.

Se quedó en silencio. Juan veía clarísimo que el contrato se iba al traste. Al cabo de unos segundos, que a Juan le parecieron horas, respondió De Santiago:

—Juan, este asunto está en manos de tu empresa gracias a ti. Hace mucho tiempo que te conozco y sé de tu gran capacidad de gestión. Los equipos que me habéis ofertado, aun siendo un pedido importante, no son lo suficiente como para merecer un gran interés en tu compañía; sin embargo, pueden ser el trampolín para una persona trabajadora y emprendedora como tú. —Juan estaba desconcertado. Reconocía que no era hombre de rutinas, pero los acontecimientos que de forma continuada le estaban ocurriendo le parecían excesivos.

—Perdóname, Roberto, no te sigo. No comprendo lo que me estás proponiendo —respondió Juan.

—Pues es muy sencillo —continuó De Santiago—. Te propongo que formes tu propia empresa con el pedido de los equipos que necesito y en las condiciones de presentación que pretendo. Para iniciar esta empresa nos podrías facturar el 25 por ciento por adelantado para acopio de materiales y formalización de la empresa. Tendrías que subcontratar parte de la fabricación en las primeras partidas hasta encontrarte en condiciones de suministro en calidad y tiempo. —De Santiago estaba disfrutando al ver como la cabeza de Juan bullía y sus ojos brillaban de ilusión y sorpresa—. ¿Serías capaz de poner en marcha en muy poco tiempo una empresa como la que te sugiero? ¿Te seduce la idea de crear tu propia compañía?

Por primera vez en su vida, Juan no era capaz de reaccionar con el habitual dinamismo. Había muchas cosas que le confundían. ¿Por qué le hacía esta propuesta? Era cierto que se conocían desde hacía años, pero nunca habían tenido una verdadera amistad. ¿Cómo justificaría su actitud ante su actual empresa? Cierto era que no pusieron un gran interés en atender adecuadamente la necesidad del cliente, pero su actitud durante todos los años que llevaba trabajando en C. M. Electric había sido siempre de intachable honestidad. Un millón de dudas bombardeaban su mente a gran velocidad al tiempo que intentaba no descomponer su porte, manifestando entereza.

—Mentiría si te dijera que no me entusiasma la idea. Me considero capaz de conducir una compañía de las características señaladas, pero no dispongo del capital necesario para llevarlo a cabo. Quiero entender por tu exposición que me facilitarías el necesario para comenzar, por lo que participarías en la sociedad. ¿Cierto?

—En absoluto, Juan —continuó De Santiago—. No nos confundamos. Creo que puedes hacerlo bien y mi interés es tener un proveedor de confianza, capaz de realizar los productos que necesitamos y con nuestro diseño. Naturalmente, anticiparíamos el 25 por ciento del primer pedido. Así es que a pensarlo deprisa. Puedo retener el pedido solamente una semana. Si decides tirar adelante, puedes contar con todo el apoyo técnico y logístico para poner en marcha el proyecto. Conque andando, contéstame enseguida. —Le dio unas palmaditas en la espalda y lo acompañó hasta la salida, apretándole fuertemente la mano.

Juan salió intentando poner en orden sus pensamientos. El momento personal era delicado y la posibilidad de aportación de tiempo, muy insegura.

Capítulo VII

¿Cómo tomaría su empresa la marcha y con un pedido que podían pensar que les pertenecía? Por otra parte, solo unas horas antes le habían enseñado las orejas del lobo. Seguro que no tendrían el más mínimo pudor no solo en quitarle clientes, sino en tomar cualquier medida que le pudiera dañar personalmente. Era el momento; las oportunidades pasan pocas veces por tus manos. Sumido en estos pensamientos llegó a su casa. Su reloj marcaba las 12:30 h. Se sorprendió a sí mismo por llegar a tan extraña hora a casa. Tenía ganas de contar con su mujer en sus decisiones.

—¿Juan? —preguntó Mari desde la cocina.
—Sí, soy yo. No te asustes, no pasa nada —respondió Juan. Cogiéndola de las manos la apartó de su tarea y le contó toda la conversación con Roberto de Santiago.
—Es magnífico, Juan. Ya era hora de que alguien reconociera tus méritos. Estoy muy orgullosa de ti.

Juan le agradeció sus palabras con un abrazo silencioso.

—Tengo que darle muchas vueltas. Pediré tres días de permiso en la oficina para asuntos personales y ya veremos qué sale de todo esto.

Se fue a su mesa de trabajo y comenzó a tomar notas, recuerdos de su época de estudios:

Estructura y elementos del plan de empresa.

En primer lugar, crear un plan de viabilidad.

CREACIÓN SEGÚN RESULTADOS DEL PLAN DE VIABILIDAD

IDEA

PLAN DE EMPRESA

Actividad defin.   Mercado   Comercialización   Personal   Financiera

DECISIÓN DE CREAR EMPRESA

FORMA JURÍDICA

Sociedad   *Empresa ind.*

OBTENCIÓN DE RECURSOS

Humanos   Económicos   Trámites adm.   Inicio activ.   Materiales

PLAN DE EMPRESA

1. *Objetivos del proyecto empresarial y presentación de promotores*
    - *Definición de las características generales*
    - *Resumen del proyecto*
    - *Presentación de los promotores*

2. *Actividad de la empresa. Producto/servicio*
    - *Definición de las características del producto o servicio*
    - *Mercado y necesidades*
    - *Características diferenciadoras*
    - *Normativa aplicable*
    - *Protección jurídica*

3. *Mercado*
    - *Definición*
    - *Previsiones*
    - *Competencia*
    - *Participación prevista en el mercado*

4. *Comercialización*
    - *Presentación*
    - *Determinación de los precios*
    - *Introducción en el mercado*
    - *Promoción*
    - *Previsión de ventas*
    - *Valor añadido de los productos o servicios*

5. *Producción*
    - *Proceso de fabricación*
    - *Selección de instalaciones y equipos*
    - *Aprovisionamiento*
    - *«Stocks»: gestión*
    - *Control de calidad*

6. *Localización*

  — *Criterios*
  — *Infraestructura: terrenos, edificios, instalaciones y comunicación*
  — *Posibilidad de ayudas*

7. *Personas*

  — *Creación de puestos de trabajo*
  — *Clasificación funcional*
  — *Selección de personal y profesiograma*
  — *Revisión de crecimiento*

8. *Financiación*

  — *Necesidades económicas*
  — *Fuentes: identificación y selección*
  — *Plan financiero*
  — *Rentabilidad*

9. *Aspectos formales*

  — *Forma jurídica*
  — *Tramitación administrativa*
  — *Obligaciones*

Juan estaba entusiasmado recordando cómo realizar lo que en su día le parecía una utopía y que en ese momento, según llenaba cuartillas, se le antojaba una realidad al alcance de su mano.

Tenía que confeccionar un plan económico–financiero. Para esto tenía que considerar:

— *Plan de inversiones y su financiación*
— *Recursos ajenos: financiación bancaria*
— *Plan de amortización*
— *Ventas, ingresos estimados, compras, margen de rentabilidad*
— *Gastos variables*

- *Plan de recursos humanos*
- *Gestión de «stocks»*
- *Impuestos*
- *Cuenta de resultados*
- *Cuadro de tesorería*
- *Balance de situación*

Tenía que tener muy claro que el margen necesario debía ser el deseado después de cubrir los gastos por compras, gastos variables, gastos fijos, impuestos y amortizaciones de inversiones.

Lo normal es que una vez proyectados todos estos gastos se establezca el precio de venta del producto. En su caso, el precio estaba establecido; por tanto, cuidaría mucho de ser muy escrupuloso en las previsiones para tener una realidad total de la rentabilidad de su negocio.

Encontrándose inmerso en este estudio, pasó su hijo mayor, solicitándole ayuda para realizar los trabajos de matemáticas del colegio. Juan ordenó todos sus papeles, haciendo sitio para el cuaderno de su hijo, y juntos resolvieron todos los problemas. Al finalizar, su hijo le dio un beso.

—Gracias, papá. Tú sabes más que mi señorita. Lo sabes todo, ¿verdad?

—No, hijo, no lo sé todo. Verás como, si estudias mucho, pronto sabrás tú más que yo.

—A cenar —llamó Mari y, obedientes, a la primera salieron hacia el comedor.

Una vez acostados los niños y después de darles el habitual beso de buenas noches, arropándolos con delicadeza, regresó a la mesa de trabajo otro buen rato.

A la mañana siguiente desayunó junto con toda la familia, hecho que únicamente los domingos se podía permitir, lo que le produjo una grata sensación de bienestar.

—Si quieres —dijo a su mujer— llevamos a los niños hoy al colegio. ¿Queréis?

—¡Síííí! —gritaron al unísono.

Y así lo hicieron. Juan ya había llamado a su empresa el día anterior solicitando tres días de permiso, que, naturalmente, le concedieron, ya que no era habitual hacer estas peticiones.

Una vez los niños estaban en el colegio, Juan y Mari fueron a hacer unas compras antes de regresar a casa. A Mari le parecía un sueño estar tan acompañada por Juan. Casi merecía la pena, pensó, estar enferma para estar tan atendida. Por otra parte, se veía a Juan tan ilusionado con el nuevo proyecto que aminoraba muchísimo la preocupación de Mari.

Juan fue directamente a su escritorio y continúo realizando apuntes y anotaciones. Tomo el teléfono y marcó un número.

—Albatesa, ¿dígame?

—Buenos días, mi nombre es Juan Martín. ¿Puede ponerme con don Roberto de Santiago, por favor?

—Un momento, no se retire.

Esperó unos segundos, al cabo de los cuales sonó la voz siempre tranquila y cordial de Roberto:

—Buenos días, Juan. ¿Qué tal vas? Cuéntame.

—Buenos días, Roberto. Verás, llevo desde nuestra última reunión dando vueltas y trabajando en el proyecto de la nueva empresa. He decidido lanzarme y estoy realizando el plan de empresa y viabilidad. Quiero estar muy seguro antes de darte el sí definitivo.

—Me parece muy bien, Juan, pero ya conoces la carencia de tiempo para comenzar.

—Sí, por supuesto. En este momento puedo decirte que estoy decidido y que cuento con el apoyo de mi mujer, que bien sabes que las mujeres tienen un sexto sentido. No obstante, tengo muchas dudas o preguntas que, sin duda, tú puedes ayudarme a resolver. ¿Cuándo podemos vernos? —De Santiago consultó su agenda.

—Tengo un hueco esta tarde a las siete. ¿Te parece bien?

—Sí, magnífico. Estaré puntual. Hasta luego.

Colgaron el teléfono, quedándose Juan pensativo: «Dios mío, en la que me he metido. Tengo que ver bien los números, a ver si salen». Ordenó con cuidado todos sus papeles, repasando minuciosamente el de previsión de facturación y gastos:

Necesidad del cliente: 30.000 equipos al año

Precio posible unitario: 660 €	*19.800.000 €*
Coste mano obra: 55 operarios (media 2.000 €)	*1.320.000 €*
Alquileres	*36.000 €*
Amortización instalaciones y equipos	
(20 % anual)	*4.000.000 €*
Gastos variables	*36.000 €*
Compra materias primas (40 % precio venta)	*7.920.000 €*
Pequeños gastos oficina y otros	*24.000 €*
Total gastos antes de impuestos	*13.556.000 €*
Impuestos	*1.561.000 €*
Beneficio teórico anual	*4.939.000 €*

Precisamente, este resumen era el que más le preocupaba. De la realidad de estos datos dependían la posibilidad y el éxito del proyecto.

Recogió todo, junto con los catálogos de proveedores de maquinaria, equipos de pruebas, mobiliario y materias primas, relajándose en el sillón, haciendo tiempo para su cita.

Poco antes de las siete de la tarde se encontraba en las oficinas de Albatesa, junto al despacho de Roberto de Santiago. Su secretaria ya se había marchado, por lo que llamó a la puerta, que se encontraba abierta. Salió inmediatamente a su encuentro.

—¿Qué tal, Juan? Estoy muy contento con tu interés y espero que sea decisión afirmativa y rápida. Adelante. Siéntate, por favor.

Le ofreció asiento en una mesa de juntas redonda y limpia de papeles. Sin duda, el buen estilo de De Santiago se veía por todas partes. Tener una mesa redonda para negociar significa manifestación de confianza e igualdad, no reservándose un sitio preferente e incómodo hacia la otra parte.

—Verás, Roberto, estoy muy ilusionado con el proyecto. He trabajado sin parar desde la reunión anterior. Estoy completamente seguro de poder desarrollarlo perfectamente. No obstante, tengo algunas e importantes dudas.

—Adelante, es normal. Y quiero que sepas que no te dejaremos solo en ningún momento.

—En primer lugar —continuó Juan—, creo que el principal riesgo consiste en crear una empresa para un solo cliente, por lo cual tendría que trabajar para conseguir otros clientes en previsión de una reducción de compras por vuestra parte. En segundo lugar, la oferta presentada está basada en 2.500 equipos mensuales durante el primer año, pero ¿con qué aseguramiento de continuidad y cuántos años? En tercer lugar, cuento con algunas personas, operarios de mi total confianza, que estoy seguro de que puedo contar con ellos para la empresa, pero necesitaré formar a otros y me gustaría que fuese con la tutela de vuestro personal de calidad y producción.

—Bueno —respondió De Santiago—, me alegra comprobar que no estoy en absoluto equivocado al haberte ofrecido esta oportunidad. Veo que has trabajado mucho y con conocimiento. En cuanto al primer comentario, estoy totalmente de acuerdo contigo, pero no puedo entrar en cómo se regirá la empresa en el futuro. Me parece acertado tu planteamiento siempre que nuestro contrato esté cubierto. Respecto al segundo apartado, puedo garantizarte, en función de nuestra planificación, un pedido de 2.500 piezas mensuales durante dieciocho meses, al cabo de los cuales se revisará el diseño, continuando con la misma proporción durante doce meses más. Hasta aquí puedo garantizar siempre que nuestra empresa esté satisfecha con tu nivel de calidad y servicio. Naturalmente que si la relación es como espero, cordial y cumplidora, hay otros muchos equipos que podríais suministrarnos en el futuro. En cuanto al tercer apartado, no solo te brindamos la oportunidad de controlar en principio tus sistemas de producción, sino que es norma que durante una temporada estemos de manera permanente controlando tus procesos productivos, así como tu sistema de calidad. Esto lo hacemos porque queremos tener empresas colaboradoras, no simples proveedores, y la meta que se quiere alcanzar es que trabajéis en el futuro con contrato *sito-stock*.

Juan se encontraba a cada momento más satisfecho y seguro. Finalmente, le presentó los apuntes del plan de viabilidad.

—Creo que no es usual presentar a un cliente los datos de los posibles resultados, pero la confianza que me produces me obliga a ser completamente transparente y si en los apuntes que te facilito hay algún error, estoy seguro de que me lo harás saber. Por otra parte, conforme voy avanzando en este proyecto considero que tendrías que formar parte de él.

—Juan —le interrumpió de Santiago—, ya hemos hablado del asunto. Cuenta conmigo para lo que quieras, estaré tan pendiente de tus resultados como si fuera mi propia empresa, pero piensa que yo tengo también un interés y es el tener una empresa colaboradora en la que pueda depositar toda mi confianza. Llámame mañana. Te comentaré sobre tu plan de viabilidad y te ruego tu decisión definitiva.

—La decisión está tomada —respondió Juan—. Agradezco profundamente tu confianza y la acepto. Mañana, viernes, pasaré por la gestoría para que comience con todo el papeleo legal. Esta noche tendré que pensar el nombre de la empresa y preguntar en el Registro de la Propiedad Industrial la posibilidad de usarlo. El lunes estaré en disposición de presentarte la empresa.

Se levantaron, dirigiéndose a la salida. De Santiago le acompañó hasta el ascensor bromeando sobre temas intranscendentes. Al llegar a este se despidieron con un abrazo de franca y, aunque nueva, gran amistad.

Capítulo VIII

Llegó a su casa pletórico de entusiasmo. Abrazó a su mujer, diciéndole:

—Mari, esto está en marcha. Tengo que trabajar todo el fin de semana en el proyecto y necesito tu ayuda.

—Juan, sabes que estoy contigo del todo —respondió Mari—. Creo que triunfarás rotundamente, pero conoces mis actuales limitaciones. De todas formas, dime en qué puedo ayudarte y hasta que pueda lo haré encantada.

Juan la besó con dulzura, agradeciendo su gesto y entereza.

A la mañana siguiente se levantó temprano, desayunando con toda la familia y llevando a continuación a los niños a la parada del autobús escolar. A su mujer le había pedido que solicitara presupuestos de una larga relación de materiales y equipos. Sin duda, la mantendría entretenida toda la mañana. Se montó en su coche, dirigiéndose a la gestoría de un viejo amigo. Este se ofreció a ocuparse de todos los trámites legales, alegrándose de la decisión de su amigo Juan.

—No te preocupes por nada. Lo haré a gran velocidad y si, como me dices, la empresa quieres que se denomine J. Martín Desarrollos Industriales S. L., seguro que no tenemos problema con el nombre. No obstante, lo consulto y si de antemano me indican la posibilidad hay que esperar una semana para ser definitivo, pero podemos aventurarnos y comenzar las gestiones, al menos las comerciales. Siempre tendríamos la oportunidad de modificar el nombre de la empresa.

—Muchas gracias. Tenme al corriente —respondió Juan, despidiéndose.

Acto seguido se dirigió a su empresa. Había dado mil vueltas en su cabeza al planteamiento que realizar. Vería en primer lugar a Fernando García, director de recursos humanos, antes de comentarlo con Carlos Bustamante, su director comercial. Temía la reacción de este y, por tanto, lo dejaría para el final, cuando ya fuera un hecho consumado.

Una vez explicada la razón por la que cesaba en la empresa, Fernando García, que escuchó en silencio, le respondió:

—Bueno, Juan, mentiría si dijera que no siento muchísimo que nuestro más brillante comercial nos abandone, pero entiendo tus deseos de prosperar y de corazón te deseo todo el éxito que mereces. Dejas en mí un amigo y las puertas abiertas para lo que necesites. Ordenaré que preparen tu liquidación y en unos días te avisamos.

Juan, un tanto emocionado, le dio un abrazo de agradecimiento, dirigiéndose al despacho de Carlos. Al verle aparecer, Carlos se puso de pie, exclamando:

—Hombre, por fin el desaparecido en plena batalla, ya era hora. Tienes que ponerte las pilas de inmediato. Tenemos todo patas arriba y elegiste el peor momento.

Juan no pudo parar el primer chorreo y haciendo un esfuerzo de entereza le interrumpió.

—Perdona, Carlos. No puedes imaginarte el trabajo que me cuesta exponerte la decisión que he tomado. Tú sabes sobradamente el cariño que tengo a esta empresa y considero que he respondido a lo largo de los años que he trabajado en ella. —Carlos se sentó y su cara comenzó a ser todo un poema—. Hace unos días se me ha planteado la oportunidad de realizar un proyecto que hace tiempo anhelaba. Voy a crear mi propia empresa y esta es la razón por la que he solicitado la baja. Ya he estado con Fernando y he firmado mi baja voluntaria.

—No puedo creerlo. ¿Se trata de una broma? —respondió Carlos.

—No, Carlos, no es una broma. Me conoces y creo que me consideras lo suficientemente serio para no bromear en asunto tan importante. Espero que te sientas orgulloso de que una persona de tu equipo tenga una oportunidad como la mía.

—¿Orgulloso? —dijo Carlos—. Espero que al menos hayas tenido la vergüenza de cambiar de gremio. —Cada vez estaba más furioso y comenzaba a hablar gritando.

—Carlos, por favor, no grites. Cierto es que esta empresa me ha dado mucho en conocimientos, pero tan cierto es que he respondido dando todo lo que he sido capaz. La he vivido como si fuera mía y te recuerdo que hace muy pocos días tú mismo me dijiste que una vida de éxitos no significaba nada ante un pequeño tropiezo.

—¿Qué quieres decir? —interrumpió a gritos Carlos—. ¿Que es por mi culpa por lo que has tomado esta decisión?

—Ni mucho menos. Como te he comentado, ha sido una oportunidad que no puedo desaprovechar.

Carlos se levantó de su sillón y salió a la puerta de su despacho.

—¡Luis, Margarita, Ernesto, Fermín, Marimar, Matilde, Ramón! —llamó a gritos a toda la oficina. Alarmados, acudieron corriendo—. ¿Conocéis a este individuo? Yo os lo presento. Es un desagradecido, un traidor, una persona que se ha aprovechado de todos nosotros y de la empresa para ahora realizar intereses personales.

Juan permaneció en silencio y avergonzado, no por sí, sino por el pobre Carlos. Sus compañeros le conocían bien y, aunque impresionados por el espectáculo, le apreciaban sinceramente, quedando Carlos en una posición ridícula. Se levantó de la silla y, sin mediar palabra, abandonó la oficina con un nudo en el estómago.

Por otra parte, la tristeza por abandonar la empresa desapareció de inmediato y al alcanzar la calle sentía dolor en los riñones y en los músculos de los brazos, sin duda por culpa de los nervios contenidos. Repentinamente notó una sensación de libertad inmensa.

Capítulo IX

Llegó a casa como el guerrero que ha peleado durante días: por un lado, contento de haberse liberado de su empresa; por otro, dolido por la forma en la que le trató su jefe. Podía estar molesto por marcharse un buen empleado del departamento, pero estaba obligado a reconocer la valía profesional y personal de Juan, una persona que siempre había recibido elogios por su trabajo y jamás había recibido una llamada de atención.

Le dolía la cabeza enormemente. Se dejó caer en el sillón, quitándose la corbata y respirando profundamente.

—¿Qué te pasa, cariño? —preguntó Mari—. Pareces agotado. Mira, yo he hecho todo lo que me has pedido. ¿Qué te parece?

—Eres un cielo. Creo que en adelante me vas a resultar imprescindible —respondió Juan—. Me tomaré algo para esta maldita jaqueca y después de comer, si te parece, recogemos a los niños y nos vamos al cine.

—Me parece estupendo —contestó entre risas su mujer.

La tarde resultó de ensueño, eran una familia completamente feliz. Ni siquiera la preocupación de tener que ingresar el lunes Mari para ser operada evitó que pasaran una tarde encantadora.

Ya en casa y acostados los niños, sentados en el sofá, Juan cogió las manos de Mari y mirándola a los ojos dijo:

—Gracias, mi vida.

—¿Gracias por qué?

—Por ser como eres, única, la más maravillosa del mundo —dijo Juan mientras la apretaba en un abrazo—. Pero no te acostumbres, que mañana tenemos que trabajar y duro.

Pasaron todo el fin de semana repasando ofertas, haciendo propuestas de pedidos, diseñando distribución de mobiliario para fabricación, ojeando anuncios de prensa de naves industriales, haciendo listado de personas posibles para incorporarse, relacionando las necesidades de personal y perfiles, previsiones de tesorería y un larguísimo etcétera que asustaba.

Tenía que llamar a Fernando Marín, un joven ingeniero técnico de C. M. Electric, del departamento de producción. Fernando era un joven prometedor, de carácter alegre y muy escrupuloso con el trabajo. Sin duda, era la persona ideal para dirigir el departamento de producción. No estaba contento en la empresa; su jefe no le permitía brillar y muchas de las grandes ideas que presentaba se quedaban sin realizar.

Juan no quería hacer daño a su antigua empresa, por lo que no tocaría más que a las personas que consideraba que merecían una oportunidad y no la recibían en C. M. Electric.

—¿Dígame? —preguntaron al otro lado del teléfono.

—¿Fernando Marín?

—Sí, yo soy. ¿Quién me llama?

—Fernando, soy Juan Martín.

—Hombre, Juan. ¿Qué sucede? ¿Algo no marcha o has conseguido otro pelotazo? Muy importante tiene que ser para llamarme en domingo. Y me coges de milagro.

—Sí, perdona que te interrumpa hoy, pero es una llamada personal. Creo que no conoces que ya no estoy en la empresa.

—¿Qué dices? —Fernando se sorprendió—. ¿Qué ha pasado?

—No, no ha pasado nada. Me independizo y monto una empresa. Se trata de un tema importante. He conseguido un gran contrato y me ayudan a lanzarme. No podía dejar escapar la oportunidad.

—Hombre, Juan, si es así me alegro infinito por ti. Te lo mereces más que nadie. Enhorabuena.

—Pero no te he llamado solo para contártelo —continuó Juan—. Te he llamado para saber si puedo contar contigo para dirigir el departamento de producción. Siempre hemos conectado bien y creo sinceramente que nadie lo haría mejor que tú.

Fernando guardó unos segundos de silencio.

—Juan, no puedes imaginarte cuánto agradezco tu confianza. Me encantaría, pero tenemos que hablar del asunto con más profundidad. De cualquier modo, sabes que contigo iría al fin del mundo.

—Gracias, Fernando. ¿Te llamo mañana y nos vemos?

—Sí, de acuerdo. Hasta mañana.

Fernando, que estaba preparado para ir al fútbol, colgó el teléfono y se quedó un instante parado. A continuación se dirigió a su habitación y buscó en la librería dos libros, *Procesos* y *Métodos*, sentándose tranquilamente a repasarlos y tomar apuntes.

Amaneció un lunes luminoso, con un cielo azul resplandeciente. Parecía el anuncio de un magnífico día, en el que todo saldría bien.

Juan salió temprano a visitar a Roberto de Santiago, quedando con Mari a las doce para marchar al hospital. Llegó poco antes de las nueve. Julia, sonriente y amable («como siempre, un encanto —pensó Juan—; tan agradable y es primera hora»), hizo pasar a Juan al despacho de De Santiago.

—Buenos días. ¿Te han echado de casa tan temprano? —bromeó De Santiago.

—Tengo que ingresar luego a mi mujer para una operación y no quería dejar para más tarde esta reunión. Verás, hemos trabajado todo el fin de semana ordenando todo el proyecto. El viernes pasado estuve con el gestor, que ya está preparando todos los trámites legales. El próximo lunes estará la confirmación del nombre. El solicitado es J. Martín Desarrollos Industriales S. L. Una vez confirmado, se preparará la escritura de constitución, el alta de Industria y Seguridad Social. He abierto una cuenta corriente, de momento a mi nombre, para poder comenzar con los primeros gastos. En definitiva, la rueda está en marcha. Cuando quieras podemos firmar el contrato y comenzar a andar.

—Magnífico, Juan. El contrato ya lo tengo terminado. Únicamente me falta poner el nombre, pero ahora mismo se lo decimos a Julia y te lo llevas puesto. En cuanto tengas la cuenta bancaria a nombre de la empresa y conforme a lo estipulado en el contrato, te enviamos una transferencia. ¿Estarás disponible mañana?

—Pienso que al menos medio día sí. No sé cómo va a ser. Me ha comentado el doctor que es una operación sencilla, pero no tengo datos concretos. Te llamo en cuanto lo sepa, ¿te parece?

—Sí, por supuesto. Lo más importante ahora es tu mujer, pero en cuanto puedas tenemos que empezar reuniones con mucha gente. Por cierto, te tengo a la persona ideal para responsable de producción.

—Perdona, Roberto —interrumpió Juan—. Ya he fichado al responsable de producción, Fernando Marín. ¿Le conoces?

—Sí, por supuesto. Parece majo.

—El mejor. Tengo una enorme fe en ese muchacho. —Juan se quedó un poco preocupado; era la primera cosa que le pedía y había dicho que no, reaccionando con rapidez—. No obstante, sabes que tengo que cubrir muchos puestos y si esa persona es de tu confianza podemos seguro encontrar el mejor puesto para él y para la empresa.

—Me parece muy bien. Mañana lo tratamos si te parece. Julia, por favor —llamó a su secretaria—, páseme el contrato de don Juan Martín.

Lo leyeron tranquilamente, firmándolo después, sellándolo con un fuerte apretón de manos.

—Hasta mañana, Juan, y suerte con lo de tu mujer. Por cierto, ¿tienes ya nave?

—No, estamos buscando. No creo que tengamos problema en encontrar —respondió Juan.

—Verás, nosotros tenemos una pequeña nave de cuatrocientos metros cuadrados en este mismo polígono. Fue un almacén y en este momento no la utilizamos. Si te interesa y gusta, podríamos alquilártela y el precio sería muy inferior al comercial normal.

—Fantástico, mañana la vemos. Sin duda, es otro problema que me solucionas. —Casi no podía creer la suerte que tenía con Roberto, tanta que temía despertar de un sueño.

—Muy bien, mañana nos vemos.

—Hasta mañana y muchas gracias por todo.

A las once ya estaba en casa para recoger a su mujer, que le esperaba un tanto impaciente. Recogieron un neceser y un maletín con lo necesario y salieron hacia el hospital.

Durante el trayecto, los pensamientos bullían en su cabeza sin pronunciar palabra alguna. Notó que las piernas le temblaban. De reojo miró a su mujer, a la que sus *hú*medos ojos le daban un aire de preocupación y miedo. Su forma de conducir era tranquila y lenta, como queriendo prolongar el viaje todo lo posible, pero finalmente llegaron al hospital y se encaminaron directamente al aparcamiento. Cogiendo a Mari por la cintura, la apretó contra sí con la intención de tranquilizarla.

—Bueno, ya estamos aquí. En un rato te quitarán todo lo malo y ya verás como todo nos parecerá un mal cuento.

Se dirigieron a recepción, donde tramitaron su ingreso. Posteriormente llegó un celador, que con amabilidad cogió el maletín y los condujo a su habitación. Mari se cambió de ropa, colocándose un espantoso y descolorido camisón azul con apertura en toda la espalda, y se acostó en la cama. Juan cogió su mano, apretándola con fuerza, como queriéndole transmitir todo el amor y cariño del mundo. Al poco rato entraron dos celadores para llevarla al quirófano. Juan apretaba fuerte la mano de Mari. Parecía que quería resistirse a separarse de ella. Le dio un beso delicado y prolongado en sus labios temblorosos. Un nudo en la garganta le impedía hablar. Caminó a su lado hasta la puerta de quirófanos.

Juan no entendía por qué a ellos. No merecían ese castigo. Estaba realmente asustado. Se sentó en un frío banco, cogiéndose la cara con ambas manos, sollozando en silencio. No podía imaginar el final de aquello; podía ser tan aterrador que no era capaz de hacerse a la idea. Por primera vez pensó en la palabra terrorífica, «cáncer». No era un cristiano practicante, pero se puso a rezar un padrenuestro, pidiendo ayuda a Dios.

Pasó una hora y media, el tiempo más largo que alguien pueda imaginar. Tras la puerta apareció el doctor Pérez, acompañado por el cirujano, doctor Andrade. Sus caras sonrientes tranquilizaban.

—Bueno, Juan, ya pasó todo. Las manos mágicas del doctor Andrade han realizado un trabajo impecable.

—Gracias, pero no es para tanto. La verdad es que estoy muy contento con el resultado. Le hemos realizado una cuadrantectomía, afectando a una parte del pecho, y espero que no se le notará en el futuro. Afortunadamente, no hay ramificaciones y con un tratamiento de radioterapia la sacamos adelante como una moza.

Juan atendía a las explicaciones entre entusiasmado e incrédulo. No sabía si echarse a los brazos de los doctores, si echarse a llorar de emoción o salir corriendo a abrazar a su mujer. Adivinando sus pensamientos, dijo el doctor Pérez:

—Quieto. Tranquilo, Juan. Tiene que pasar a la UCI, recuperar el conocimiento y te llamarán para verla un momento.

Con una voz que Dios sabe de dónde salió, Juan dijo:

—Gracias, muchas gracias.

Los doctores regresaron, atravesando la puerta de quirófanos, desapareciendo tras ella.

Nuevamente ocupó su asiento. Notaba que su corazón galopaba, las pulsaciones eran rápidas y fuertes, las notaba en el cuello y las sienes. Respiró profundamente, intentando recuperar la tranquilidad. Así pasó un buen rato hasta que una enfermera le indicó que la siguiera hasta donde se encontraba su mujer.

Mari ya estaba despierta, su cabello húmedo, la cara pálida y los ojos con una chispa de emoción, como quien regresa de la guerra y ha vencido.

—Juan, cariño, me ha dicho el doctor que todo ha ido bien.
—Sin decir nada la abrazó dulcemente, besándola una y otra vez en la frente y la cara.

Pasaron tres días que fueron un sinvivir. Mari mejoraba por momentos, pero con grandes molestias. Realmente, era más de lo que parecía, pero su fortaleza mental y espíritu de salir corriendo del hospital hacían que pareciera menos importante.

Juan no paraba. Pasó las noches en el hospital, por la mañana iba a casa a ducharse y corriendo a casa de los padres de Mari a por los niños para llevarlos al colegio. A continuación, con el portafolios y el móvil, regresaba al hospital y a ratos hacía alguna llamada o se metía entre papeles a diseñar la nueva empresa.

Al segundo día tras la operación aprovechó la visita de sus suegros con los niños para quedar con Fernando Marín. Lo hizo en la cafetería del hospital.

Con puntualidad británica, llegó Fernando a las ocho en punto.

—Juan, qué alegría verte. ¿Cómo está tu mujer? —saludó afectuosamente Fernando.

—Bueno, ya hemos pasado el susto y parece que ha sido un éxito la operación. En un par de días le dan el alta.

—Me alegro mucho —respondió Fernando—. Cuéntame tu propuesta. Me tienes en ascuas.

—Sentémonos en aquella mesa y te cuento —dijo Juan indicando una mesa en un discreto rincón de la cafetería—. Verás, todo ha surgido de la negativa de fabricar C. M. Electric unos equipos similares a nuestros CM Prem 59, pero con un diseño de Albatesa. Nuestro departamento de producción se ha negado a modificar. Además, está ofertando A. S. Electric, la empresa de Salmerón. Pues bien, ante la más que probable pérdida del pedido, que es de enorme importancia y garantiza dos años de producción, me han ofrecido la oportunidad de montar yo una empresa con capital que me financian ellos y facilitándome al máximo toda la ayuda necesaria para fabricar con éxito y calidad. Después de varias reuniones he aceptado y, previo estudio concienzudo de viabilidad, estoy organizando todo. Como comienzo, necesito el director de producción, mi persona de máxima confianza para desarrollar este proyecto, y pensé inmediatamente en ti por varias razones: por tu responsabilidad más que demostrada, por tus conocimientos en líneas de producción, por tu demostrado afán de superación, no atendido en nuestra empresa C. M. Electric; porque aquí sí serás el director de producción con salario de tal, no como hasta ahora, haciendo de director de producción y salario de oficial de primera; y principalmente porque es tan ilusionante esta empresa nueva que tiene que tener el mejor equipo de personas y con la mayor ilusión.

Fernando escuchaba con toda la atención y contagiado de la ilusión que transmitía Juan.

—Juan, acepto encantado y también te diré por qué. Acepto porque siempre te he admirado, porque no tengo la más mínima duda de tu capacidad y porque sé que contigo va el éxito. Tengo que dar quince días, pero cuenta conmigo desde ya. Tengo jornada intensiva. Salgo a las tres y a las cuatro estaré donde me digas. ¿Ya tienes nave?

—Sí, me la alquila Albatesa y está en el nuevo polígono industrial. Mañana iré a por las llaves y te llamo para quedar.

Brindaron con el resto de cerveza que les quedaba en el vaso y, dándose cuenta Juan de la hora (llevaban más de una hora de animada conversación y tenía que llevar a los niños y a sus suegros a casa), se despidieron con un apretón de manos y Juan corrió al ascensor.

Los niños ya estaban inquietos, pero Mari estaba encantada, diría que hasta divertida. Cómo le gustaba a Juan con esa sonrisa picarona y esos ojos tan llenos de vida.

Salieron de la habitación, dejando tranquila a Mari, a la que aún la aturdían un poco las visitas. Una hora más tarde regresó Juan al hospital y pasaría la noche, a ratos trabajando, a ratos durmiendo en el sofá y los más ratos mirando a su mujer.

Amaneció un nuevo día. María había descansado toda la noche, menos los sobresaltos de la enfermera de turno dando un manotazo al interruptor de la luz para poner el termómetro o ver el nivel de suero y calmantes. Se encontraba muy bien y sin apenas molestias, lo que hizo que Juan no se marchara a duchar a casa como los otros días. Esperaría a que pasara el doctor.

Y así fue. A las diez y media entró el doctor con cara sonriente y con la tranquilidad de cuando se hacen bien las cosas.

—Vamos a ver esta jovencita *cómo* se encuentra. — Cogió la ficha de control de temperatura y la enfermera que le acompañaba se dispuso a quitar gasas y esparadrapos para realizar la cura consiguiente—. Esto está fenomenal. Pueden marcharse después de comer. Es importante que hagan una cura como la que hemos realizado una vez al día y dentro de una semana tiene que venir a que la veamos aquí.

Mari y Juan, con toda la atención puesta en las explicaciones del doctor y con la mano cogida como dos adolescentes, pensaban al unísono en la suerte que había tenido, tanto en cogerlo a tiempo como en haberse puesto en manos de ese médico.

—Por último —continuó el doctor—, dentro de dos semanas póngase en contacto con su aseguradora para recibir unas sesiones de radio. Y no se preocupe, que no son nada invasivas. No se le caerá el pelo ni tendrá problemas de ningún tipo.

Dándoles la mano abandonó la estancia. Nada más salir el doctor y la enfermera, Juan no pudo reprimirse y con un «¡yujuuu!» y un salto de inmensa alegría llenó de besos la cara de Mari.

Nada más comer, a las dos y media, salían cogidos del brazo de la clínica. A Juan no le faltaba más que saludar a los transeúntes como si fuera un torero triunfador que sale por la puerta grande.

Capítulo X

Curioso, pero en todo el día ni se acordó de que estaba comenzando una nueva empresa y fue ya tranquilamente en casa cuando se acordó de que tenía que ir a ver la nave con Roberto. Pero era un día tan especial que le llamaría por teléfono aplazándolo para el día siguiente. Así lo hizo y sin problemas quedó citado a las diez y media en el polígono.

A la llegada de los niños del colegio la casa se convirtió en una fiesta, todo fueron risas y alegría colectiva. Hasta la madre de Mari, una señora de los pies a la cabeza y encantadora que quería mucho a Juan y este a ella, al oír una música en la televisión cogió a Juan y se pusieron a bailar entre la juerga de los niños y la complacencia de María.

Sonó el despertador a las siete y media y, como todos los días, Juan saltó de la cama como un rayo, se duchó y aseó. A continuación preparó el desayuno de todos y en una bandeja el de Mari, a la que se lo llevó a la cama. Se incorporó con mucho cuidado y dio cuenta de tan delicioso desayuno, agradeciendo el gesto con una encantadora sonrisa.

No tardaría en llegar su madre. Mientras los niños se arreglaron y prepararon sus carteras, Juan se dispuso a hacer la cura ordenada por el doctor. Juan había sido auxiliar de médico en la mili y se le daba muy bien todo lo que, decía él bromeando, era cirugía menor.

Una vez terminada la cura, se despidió de Mari y con los niños salió hacia la parada del bus del colegio. En el portal se cruzaron con su suegra y, ya más tranquilo, salió a comerse el mundo.

La nave era ideal. Cuatrocientos metros totalmente diáfanos, con un vestuario y servicios, más una salita para comedor (todo en cincuenta metros cuadrados), y sobre ellos una oficina con un pequeño despacho acristalado en un lateral con vistas a toda la nave.

—Me encanta, Roberto. Es ideal. Esta tarde se incorpora Fernando Marín y comenzaremos la distribución de las líneas de producción. Cuando digas firmamos el contrato de alquiler.

—Bien, me alegro de que te guste —respondió Roberto—. De todas formas hoy estamos a 7, así que lo hacemos con fecha 1 del próximo mes y este lo consideramos de instalación, ¿te parece?

—Cómo no. Otra vez un millón de gracias. Roberto, me preocupa mucho todo lo concerniente al control de calidad. Yo espero que en una semana estemos en funcionamiento; ya he mandado los planos de las carcasas a un fabricante que conozco y es muy serio en calidad, plazos y precios. Por otra parte, todo el equipo electrónico, los cien primeros los compraré a C. M. Eletric. Espero que me dé buen precio. Hablaré mañana con producción. ¿Es posible que una persona de tu control de calidad esté unos días asesorando a mi personal hasta coger la inercia?

—Por supuesto —respondió Roberto—. El tiempo que sea necesario. Seremos empresas colaboradoras, no cliente y proveedor. También te mandaré alguien de producción para agilizar procesos y todo lo que necesites. Yo te he metido en esto y te voy a ayudar en todo lo necesario para que tengas todo el éxito posible.

Juan cada vez estaba más ilusionado y más consecuente con la responsabilidad adquirida. Estaba dispuesto a poner toda la carne en el asador y corresponder a las expectativas de Roberto de Santiago.

Pasaron un rato recorriendo la nave y planificando a mano alzada las distintas secciones: almacén de materias primas, líneas de producción, montaje, control de calidad, expediciones, etc.

Se marchó De Santiago y Juan subió a la planta de oficinas. Sobre el cuaderno de notas dibujó el habitáculo, con medidas aproximadas: una mesa para dirección técnica, otra para producción, una tercera para administración y una cuarta para recepción y oficina. En el despacho, un mueble librería, una mesa de dirección y una mesa redonda de reuniones.

Haciendo líneas y planos en su cabeza puso camino a casa. Almorzaría con su mujer y a las cuatro estaría de nuevo con Fernando Marín.

Y así fue. A las cuatro en punto estaban los dos sentados en dos taburetes frente a una destartalada mesa y todos los planos y apuntes que Juan había preparado.

—Si te parece, Fernando, vamos a hacer un *planning* de acciones —comenzó Juan—. Lo más urgente es disponer de las personas de puestos de máxima responsabilidad. Tú puedes dirigir el departamento de producción y dirección técnica. —Fernando asintió con la cabeza al tiempo que comenzaba a dibujar el organigrama—. Necesitamos un director de calidad. ¿Conoces a alguien para ese puesto?

—No —respondió Fernando—, pero puedo acercarme a la Escuela de Ingenieros Técnicos y, a la vista del resultado académico, contratar a algún alumno de la bolsa de trabajo y formarle rápidamente. Igualmente, podemos hacer lo mismo en Formación Profesional para el personal de fabricación.

—Perfecto, adelante —continuó Juan—. En administración yo me encargo; es un puesto de mucha responsabilidad y tiene que ser alguien de mucha confianza. Tengo un cuñado que trabaja en una asesoría y no está nada contento con su jefe. Seguramente, aceptará venirse con nosotros. Con respecto a la ubicación de mesas de trabajo, máquinas y líneas de producción, yo tengo un boceto hecho. Me gustaría que tú hicieras lo propio y con el resultado de los dos se lo enseñemos a Luis Mesa, de producción de Albatesa. ¿Qué te parece?

—Estupendo. —Fernando estaba entusiasmado. Toda la vida había soñado con poder ser partícipe de un proyecto como el que tenían presente.

—Del departamento de compras —prosiguió Juan— se encargará mi mujer, Mari, y la parte comercial la asumiré yo. La experiencia me dicta que es superarriesgado trabajar para una sola empresa, así que una vez tengamos claras nuestras capacidades iré a la búsqueda de nuevos clientes.

Sin darse cuenta les habían dado las nueve de la noche y decidieron parar hasta el día siguiente. Por la mañana Juan se ocuparía de solicitar el teléfono, contratar la luz, avisar al servicio técnico del sistema de calefacción, comprar el mobiliario de oficina, recopilar documentación de los equipos en Albatesa y ordenar a la gestoría que pusiera en marcha todos los temas legales.

Llegó a casa pletórico de entusiasmo; parecía haber rejuvenecido diez años. Su mujer se encontraba bien, pero estaba sufriendo el síndrome posoperatorio. Se pasó toda la mañana pensando en las consecuencias que hubiera tenido de no haber sido localizado tan a tiempo su espantoso mal, que no se atrevía ni a mencionar. Por otra parte, la espantaba el comienzo de la radio, que sería la próxima semana. Había visto en revistas y leído que en muchos casos tenía contraindicaciones, cambio hormonal y pérdida de cabello.

Rápidamente Juan tomó el mando de la situación y con su entusiasmo consiguió levantar el ánimo a su mujer. Los niños ya habían cenado y estaban terminando los últimos deberes.

—Cariño —se acercó a Mari—, dame, por favor, los presupuestos que pediste de mobiliario de oficina. Tengo que hacer los pedidos. Comenzamos ya a trabajar y no tenemos donde hacerlo.

—No te los doy —respondió Mari—. Yo tengo todo el tiempo del mundo, yo hago los pedidos. Así no le doy a la cabeza. Mira, estos son los catálogos y estas, las mejores ofertas. ¿Qué te parecen?

—Me parece estupendo y me encanta tu ánimo. ¿A ver? Sí, me gusta y está muy bien de precio. Adelante.

—Además, nos giran a noventa días y nos hacen una bonificación especial de un 5 por ciento por comprarles todo.

«¡Bingo! —pensó Juan—. Es estupendo que tenga ganas de hacer cosas y animarse».

—Mañana —dijo Mari— paso los pedidos y me acerco a la nave para hacerme una idea de cómo quedarán.

—Ni hablar —respondió Juan—. Haz los pedidos, pero hasta que vayamos al médico a revisión no debes salir de casa.

—De acuerdo, gruñón —contestó con voz mimosa.

Se fueron a dormir. A Juan le parecía que había pasado un ángel y les había dejado de nuevo la felicidad. Miraba a Mari y se la comería a besos. Sin duda, era ella la que había traído la suerte a la casa y a su vida. Y con esos preciosos sueños se quedó profundamente dormido.

A las siete y media, como siempre, saltó de la cama, aseándose y preparando el desayuno de todos. Llevó la bandeja con el desayuno a Mari con una preciosa flor, que arrancó de un geranio de la terraza, lo que hizo que ella se partiera de risa al verlo. Le dio un cálido beso lleno de amor y con los niños salió en busca del nuevo día.

Tuvo la mañana más que ajetreada. Primero fue a Albatesa; necesitaba el contrato de alquiler para contratar la luz y el teléfono. Vio a Luis Mesa y le enseñó los dibujos de distribución de la fábrica realizados por él y Fernando. Le gustó todo el planteamiento, pero recomendó montar una línea semiautomática para la inserción de componentes.

Aprovechó para saludar a Javier Roca, director de calidad, el cual le ofreció la máxima ayuda.

Al final se le fue la mañana y llegó a casa casi a las tres a comer. Mari ya estaba nerviosa por la tardanza.

—Hola, cariño. Me tenías preocupada. La comida está en la mesa. —Se pusieron a comer mientras comentaban todo lo realizado esa mañana—. He pasado los pedidos de todo el mobiliario de oficina. Es el que vimos ayer. Creo que va a quedar muy bonita la oficina. ¿Tú quieres ordenador de sobremesa con CPU o usarás el portátil?

—Necesitaré uno de sobremesa; no quiero tener mezcladas mis cosas de trabajo y las particulares. Me han comentado que hay una buena oferta en ASUS y en HP. Lo que tú prefieras. Harán falta cuatro.

—Por cierto —dijo María—, mañana tenemos que ir al hospital a que me vea el doctor, ¿recuerdas?

—Sí, por supuesto. Iremos nada más dejar a los niños en la parada.

Se entretuvieron un rato, siendo casi las cinco cuando salió Juan para la empresa. Al llegar se dio cuenta de que tenía que encargar el rótulo para la fachada: «JUMDI S. L.», que significaba «Juan Martín Desarrollos Industriales S. L.».

Capítulo XI

Entró en la nave y vio a Fernando y un joven con sendos rodillos pintando las paredes. Casi tenían ya la mitad.

—Fernando, por Dios —exclamó Juan—. Podías haber buscado un pintor.

—Hola, Juan. Es una forma de aprovechar el tiempo y no crear gastos innecesarios. Te presento a Alberto. Es un muy buen operario al que únicamente le hacen contratos temporales por necesidad de la producción y le he ofrecido incorporarse. Es muy bueno en inserción de componentes y en control de calidad.

—Encantado —saludó Juan—. Y muchas gracias a los dos; está quedando fenomenal. Mañana me tenéis que traer una fotocopia del DNI, de la tarjeta sanitaria y en tu caso, Alberto, del paro. Con la presentación que te ha hecho Fernando, tu contrato será de oficial de segunda indefinido.

—Muchas gracias, jefe. No le defraudaré —respondió el joven Alberto.

—Una cosa: por favor, no me llames jefe, no me gusta. Me llamo Juan, Juan Martín. —Se dirigió entonces a Fernando—. Cuando puedas, subes y te pongo al corriente de todo lo realizado y me cuentas tus gestiones.

Tomó escaleras arriba, dispuesto a hacer unas llamadas.

—¿Hola? ¿C. M. Electric? Sí, soy yo, Juan Martín. ¿Me puedes pasar con Ramírez, de producción? Vale, gracias, espero… Ramírez, buenas tardes. Imagino que ya sabrás que me he independizado.

—Sí, Juan, y me alegro un montón. Te mereces que te vaya muy bien. ¿En qué te puedo ayudar?

—Verás, necesito adquirir cien equipos sin carcasa CM Prem 59. Quiero que me digas disponibilidad inmediata y precio a mi empresa. Te confirmo todos los datos fiscales en cuanto me lo digas.

—Bueno —respondió Ramírez—, yo solamente te puedo dar existencia y previsión de fabricación. El precio y la conformidad del pedido tengo que consultarlos, pero no cuelgues y te contesto en un minuto.

—Gracias, Ramírez.

Se dispuso a esperar. Al cabo de cinco minutos:

—¿Juan? Perdona la espera. Disponemos de 1.250 equipos terminados y 2.000 en proceso, pero no autorizan el suministro. Ha sido Carlos Bustamante quien se ha negado a vendértelos. Me ha extrañado que, habiendo sido tu jefe y con lo bien que os llevabais, me haya saltado con que se los pidas a un distribuidor. Lo siento, Juan. Si en algo personal puedo ayudarte no lo dudes, llámame.

—Bueno, qué le vamos a hacer. Muchas gracias de todas formas y un abrazo.

—Otro para ti, Juan, y te deseo mucha suerte.

Colgó el teléfono y en ese momento sonó una llamada.

—¿Roberto? Sí, buenas tardes.

—Juan, buenas tardes. Te llamo porque he visto en el almacén de obsoletos cuarenta mesas de trabajo en muy buen estado, que retiraron de la cadena de producción hace unos días y que pueden ser tuyas por diez euros cada una, si te interesa.

—Por supuesto —respondió Juan—. ¿Tengo que mandar a por ellas?

—No, es mejor que yo haga la orden y mañana te las lleva un camión. Cuando las tengas nos haces un ingreso de cuatrocientos euros. En la nota de entrega te pondrán la cuenta del banco. Por cierto, te hicimos la transferencia. ¿La has recibido?

—Pues no lo sé, pero ahora lo miro. Otra vez gracias, Roberto. Hasta luego.

Colgaron y se dispuso a hacer una nueva llamada.

—¿V. W. Distribución? Por favor, señor Gómez. Sí, de Juan Martín. Espero.

—¿Juan? —contestaron al otro lado de la línea—. ¿Qué me cuentas, Juan?

—Buenas tardes, Luis. Te llamo como posible cliente, no como proveedor. Ya no trabajo en C. M. Electric, me he independizado.

—Me alegro por ti —respondió Gómez—, pero lo siento por C. M. Electric. Se les ha ido el mejor.

—Gracias, Gómez, muchas gracias. Verás, necesito seiscientos equipos sin carcasa de fabricación C. M. Electric, modelo CM Prem 59. Los tienen para entrega inmediata.

—¿Y cómo no los pides directamente a tu exempresa? —preguntó Gómez.

—Ya conoces las normas —contestó Juan—. Los suministros se hacen siempre a través de un distribuidor. Eso sí, necesito que aprietes en el precio. Los tengo vendidos prácticamente a coste.
—Haré la gestión y te llamo a continuación. Hasta luego, Juan.
—Hasta luego, Luis.

Colgaron los teléfonos. A continuación Juan se conectó *online* con el banco, sonriendo al ver el ingreso de Albatesa por un importe de 375.000 euros.

Capítulo XII

Esto iba en serio. Media hora después sonó el móvil de Juan.

—Hola, Gómez. Dime.

—Hola, Martín. El precio que te puedo dar es 405 euros unidad. Te los puedo entregar en dos días y el pago tenemos la costumbre de la primera operación al contado. Transferencia a ocho días del suministro con una bonificación del 3 por ciento.

—Conforme en todo. Te envío un pedido por *e-mail* ahora mismo. Muchas gracias, Luis. Espero que tengamos oportunidad de hacer muchas cosas en el futuro. Siempre me ha gustado tratar con tu firma. Un saludo. Hasta pronto.

—Adiós, Juan. A tu disposición.

Le pasó de inmediato el pedido por correo electrónico. A continuación llamó a su amigo Miguel Laso, de Tasnar, para ver cómo iba la fabricación de las carcasas. Había conseguido un precio de 37 euros por unidad, incluidos diseño y moldes, y un plazo de tres días para las seiscientas primeras y de diez días para las 2.500 de ese mes.

Tenía que preparar los pedidos de todas las materias primas para fabricar los 1.900 equipos del mes y los 2.500 mensuales el resto del año. Disponía de todas las direcciones y teléfonos de los proveedores de todos los materiales, que a su vez eran proveedores de C. M. Electric.

Subió Fernando, manchado de pintura blanca desde los pies a la cabeza.

—Bueno, ya está la nave perfecta —dijo Fernando—. Y se ha quedado Alberto fregando un poco el suelo. Mañana estará preparada la nave para colocar todas las mesas de trabajo y comenzar a fabricar. He estado en la Escuela de Ingenieros Técnicos y en Formación Profesional y mañana tendremos de quince a veinte muchachos para contratarlos y otros tantos como becarios, además de Alberto y otros dos de C. M. Electric. Nos harán falta una máquina automática de insertar componentes, una ola de soldadura pequeña y herramientas para todos los puestos.

—Bien —respondió Juan—. Mañana, con el personal incorporado, hacéis una relación de necesidades y mi mujer hace todos los pedidos. Mañana, si te parece, dedicamos la mañana a seleccionar gente para los distintos puestos necesarios. Ay, es verdad, que tú no puedes por la mañana. ¿Cuándo vendrán?

—Por la mañana —contestó Fernando—. Yo estaré. He pedido permiso en C. M. Electric para ir de médicos.

—Perfecto, me alegro de que estés tú conmigo. Veamos —cogió Juan papel y bolígrafo—: máquina de inserción de componentes, dos operarios. Estos también harán las soldaduras. Cuatro operarios para inserción de componentes manuales y dos para revisión y reparación de defectos, uno de finalización de producto y uno de control de calidad. Totalizan diez personas, de las cuales una tiene que ser un técnico y nueve deben ser operarios. ¿Se me ha escapado algo?

—Creo que sí —apuntó Fernando—. Una persona para almacén y otra con furgoneta para reparto y recogidas de materiales, más la persona de oficina y el director técnico. Total, catorce. Más tu mujer y nosotros dos. Eso pensando que con esa plantilla seamos capaces de sacar esos 2.500 equipos mensuales.

—Bueno —continuó Juan—, tenemos que partir de una premisa. Veremos si somos capaces de cumplir con este plan preestablecido.

Ya era muy tarde, casi las diez de la noche, y decidieron dejarlo para las nueve de mañana. Juan había olvidado que tenían que ir al hospital a primera hora, así que de camino a casa llamó por teléfono a Fernando.

—Hola, Fernando. Perdona, se me ha olvidado que tengo que ir a revisión al hospital con mi mujer a primera hora. Iré en cuanto termine, creo que sobre las diez.

—De acuerdo, no te preocupes. Si llega alguien antes, le haré la ficha y te comento. Hasta mañana.

Así lo hicieron. A las 08:30 h ya estaban en el hospital y el doctor los recibió de inmediato.

—Buenos días, pareja —saludó jovial y sonriente como siempre—. ¿Qué tal, María? ¿Cómo va eso?

—Yo me encuentro muy bien, doctor. Solo una pequeña molestia, que no llega nunca a ser dolor.

—Estupendo. La próxima semana comenzamos con la radioterapia. Haremos ocho sesiones, una a la semana, los lunes. ¿Le parece?

—¿Y puedo comenzar a trabajar? —preguntó Mari.

—Por Dios, ni hablar. ¿Es usted consciente de lo que la hemos operado?

—Completamente, doctor, y le doy las gracias a usted y a Dios por permitir curarme con tanta rapidez, pero ahora más que nunca me quiero y necesito sentirme viva y útil. Mi marido comienza una empresa y me necesita. Y el trabajo es de administración, que no es duro —argumentó Mari mientras Juan permanecía en silencio.

—Bueno, haremos una excepción —respondió el doctor—. Le permito solamente media jornada, nada más. Y sin agobios, con tranquilidad. Me lo tiene que prometer.

Mari no cabía en sí de gozo. Le daban ganas de abrazarlo.

—Se lo prometo y se lo juro. Muchas gracias, doctor, muchas gracias. Y el lunes estaré en la Fundación Jiménez Díaz.

Se saludaron y abandonaron el hospital. Decidieron ir a desayunar a una cafetería y luego a la empresa. Mari quería ver cómo llegaban los muebles de oficina y ayudar en su correcta colocación.

A las nueve y media ya estaban en la empresa. Parecían dos adolescentes cargados de ilusiones, parecía que Dios había abierto el cielo para que disfrutaran.

—Cómo cambia la vida de repente, ¿verdad, Juan? Hace unos días lo veíamos todo negro: salud, estabilidad, futuro… y de repente todo parece de color de rosa.

—Es verdad, cariño, pero creo que esto es lo que nos merecemos. —Le dio un beso y entraron en la empresa.

Nada más entrar había un camión descargando mesas y sillas de trabajo. La verdad, fue una compra increíble, parecían nuevas. Se colocaron en cuatro filas de a diez, una tras otra. A Fernando y Alberto, dirigiendo la orquesta, se les veía disfrutar y la nave relucía, recién pintada y ya con mesas de trabajo. Diez minutos más tarde otro camión llegó con los muebles de la oficina. Mari se ocupó de indicarles la ubicación de todos.

A las diez comenzaron a llegar jóvenes a solicitar empleo y les tuvieron que indicar que regresaran media hora más tarde para dar tiempo a tener mesas y sillas en la oficina.

A las diez y media estaban de nuevo los jóvenes esperando cola para ser recibidos. En el despacho de Juan se colocaron Mari, Fernando y el propio Juan y comenzaron a entrar, de uno en uno, todos los posibles candidatos. Pasó una persona cada cinco minutos. Con alguno se tardó algo más y con otros menos, ya que entregaron el currículo escrito y poco más, sin tener ninguna experiencia en el trabajo ni conocimientos destacables.

En otros casos ya se apuntó en la ficha: «Admitido». Fueron dos señoritas con conocimiento en inserción de componentes y en control de calidad, tres ingenieros técnicos con conocimientos de ensamble de equipos y tres jóvenes estudiantes de Formación Profesional (electrónica) con aparente buena disposición.

Terminaron a las 14:00 h de recibir a todos los candidatos, un total de 43 personas, con las que tenían sobradamente para completar el equipo. Una vez finalizado este proceso, dejaron para la tarde la selección completa y se marcharon a almorzar. Juan estaba preocupado por la paliza que se dio su mujer después de la recomendación del médico, pero Mari estaba rebosante de ilusión y había pasado una mañana estupenda.

Comieron en un restaurante rápido cerca de su casa. Juan tuvo tiempo de descansar en el sillón media hora, al cabo de la cual dio un salto y dejó tranquilamente a Mari, regresando a la empresa.

Al llegar, Fernando ya estaba seleccionando las fichas de los ocho admitidos y, aparte, seis posibles necesarios entre los 35 restantes. No fue complicado elegir a los seis necesarios. La joven para oficina estaba clara y el director técnico sería Julián Crespo, con la carrera de ingeniero técnico terminada, finalizada el pasado curso con el número uno de la promoción. Los otros cuatro eran los más cualificados. A todos ellos se les mandó una nota por *e-mail*, convocándoles para el día siguiente con la documentación pertinente.

Capítulo XIII

A las cinco llegó la furgoneta de V. W. Distribución con los seiscientos CM Prem 59, de los que se hizo cargo Alberto, formalizando la entrega del material y pasándolo a almacén. Media hora después llegó el material de Tasnar, que de igual manera pasó a almacén. Ya tenían para comenzar a trabajar al día siguiente.

Mari, en casa, había lanzado los pedidos de los embalajes para la primera entrega de seiscientas unidades y, de igual forma, de todos los materiales para la serie de las primeras cuatro semanas. Tenía que negociar en persona los pedidos para el primer año. Al ver las cifras de la necesidad de compra la daba vértigo; tenía que conseguir precios mucho mejores por cantidad.

A la mañana siguiente, muy temprano, estaban todos situándose en los respectivos puestos. Juan, conjuntamente con Fernando, organizó la cadena de montaje. El trabajo era sencillo, pero Mari no paraba con el teléfono, concertando entrevistas con proveedores. Carla, la señorita de oficina, preparaba impresos en el ordenador, fichas de entrada de materiales, albaranes de entrega, modelos de facturas y toda la documentación de todo el personal para llevarla a la gestoría.

Estando todos metidos de lleno en faena apareció Roberto de Santiago, acompañado por una persona que resultó ser un oficial de primera de producción de Albatesa. Juan bajó rápidamente la escalera para ir a su encuentro.

—Buenos días, Juan. Estoy impresionado; creí que me había equivocado de sitio. Me encanta ver vuestra capacidad de gestión. Me acompaña Ignacio, de producción. Tal como acordamos, estará un par de días pendiente del montaje para que no se produzcan rechazos.

—Fenomenal, Roberto, me tranquiliza. Estoy como en una borrachera con tantísimas cosas nuevas que hacer, pero creo que he conseguido un gran equipo y saldremos adelante. Sube y te presento a mi mujer.

Así lo hicieron. La oficina había quedado muy acogedora y luminosa. Mari estaba en su mesa, ya llena de papeles, ofertas y pedidos.

—Mari, te presento a Roberto de Santiago, el culpable de que seamos empresarios y podamos ver cumplido nuestro sueño.

Roberto la saludó con elegancia. Era un hombre de aspecto impecable. Se sabía atractivo y ponía el máximo esfuerzo en vestir moderno y elegante. Le gustaba caer bien y para ello tenía un arma más que efectiva, una sonrisa encantadora.

Pasaron al despacho de Juan, donde intercambiaron comentarios relacionados con la empresa y con Mari sobre proveedores a los que podía ir de su parte y obtener mejores precios y servicio eficaz. Todo había empezado a rodar y ahora no había marcha atrás, tenían que darlo todo y obtener el éxito deseado. Roberto marchó a su oficina, dejando tras de sí buen ambiente, ilusión y confianza.

Al día siguiente, viernes, realizarían la primera entrega. Realmente, no tenía que haber problemas para hacerlo correctamente. Así, prepararon el albarán de entrega número 0001 por seiscientos equipos y la factura correspondiente, por importe total de 435.600 euros. Al ver Juan esta factura se puso a echar números:

Factura de V.W. Distribución	*285.209 €*
Factura de Tasnar	*26.862 €*
Factura embalaje	*2.400 €*
Personal dos días (14 personas)	*1.800 €*
Otros gastos generales	*28.520 €*
Total gastos	*344.791 €*

Juan respiró profundamente; todo funcionaba por el momento. Se fueron a almorzar con la tranquilidad del deber cumplido.

Llegó la siguiente semana y con ella llegaron los primeros problemas. Ya disponían de las dos máquinas de insertar componentes, pero las placas de circuitos impresos no habían llegado, faltaba gran cantidad de componentes, integrados, resistencias y memorias. Y en Albatesa esperaban esa semana otros seiscientos equipos.

Tenían un equipo completo de muestra y Fernando se ocupaba de repasar a conciencia los distintos pasos del proceso productivo con todo el personal. No podían hacer otra cosa. Solamente el de almacén tenía trabajo real: entradas de materiales, control de albaranes y preparación de pedidos para fabricación.

Juan, desde su despacho, empezaba a padecer de los nervios. No podían estar sin producir; el tiempo perdido era irrecuperable y, además, en cuatro días tenían que entregar y no podían empezar a fabricar. Llamó a Fernando a su despacho.

—Fernando, hemos cumplido la primera entrega, pero no veo la forma de salir adelante esta semana. No vamos a tener más remedio que hacer otro pedido de equipos montados. Si no llega pronto todo el material, lo vamos a tener muy mal. Y el personal, cruzado de brazos.

—Cruzados de brazos no —respondió Fernando—. Estamos avanzando en preparación técnica. Ten en cuenta que la mayoría no están formados y hay que enseñarles, por lo que les van muy bien estos días de preparación. Me parece buena idea el pedir otros seiscientos y así fortalecemos la posibilidad de comenzar con buen pie.

—Pues dicho y hecho.

Cogió el teléfono, llamando a Gómez, que recibió encantado el pedido.

—Muy bien, Juan. Procuraré que tengas los equipos mañana por la mañana; pero, por favor, la próxima vez dame más margen. Mínimo cinco días. Esta factura te la haré a noventa días. Irá la cuenta para que hagas la transferencia al vencimiento.

—Muchas gracias, Gómez. Y hasta pronto. —Juan colgó después de despedirse y respiró tranquilo. Salvarían la semana, aunque sacrificando rentabilidad.

En efecto, a la mañana siguiente llegaron los equipos de V. W. Distribución, pero no las placas ni los componentes. Mari no paraba de reclamar los materiales faltantes, incluso buscándolos en otros proveedores. Realmente, no es fácil que de forma inmediata se consiga tal cantidad de componentes. No había que perder los nervios y, eso sí, había que ser eficaces en la búsqueda.

En dos días se montarían los seiscientos equipos y se podrían entregar el viernes sobradamente, pero el jueves tendrían otra vez a todo el personal parado.

El miércoles llegaron las placas y parte de los componentes. Solamente faltaban un integrado y una memoria. Prometieron la entrega del integrado el lunes siguiente, pero la memoria, de momento, no la habían encontrado. Juan dispuso que comenzaran a insertar todos los componentes en máquina a falta de los dos, que se insertarían manualmente a su llegada. De ese modo ya podían analizar tiempos y resultados.

María encontró 2.000 memorias en Frankfurt, en el mercado de estraperlo. Tenían que enviar primero el dinero y después enviarían los componentes. La verdad es que era arriesgado, así que Juan decidió coger un vuelo a Frankfurt y traerlos en mano. Habló con el comercial alemán y quedó el domingo por la mañana.

El jueves terminaron los seiscientos equipos y se pudieron entregar cómodamente el viernes con el agrado del cliente. Comenzaron la fabricación de los seiscientos siguientes y los comienzos fueron un verdadero desastre. Dos días de trabajo constante en las dos máquinas insertadoras de componentes mientras once personas estaban paradas. Cuando les llegó el trabajo, terminaron de insertar y se pararon esas dos. Una vez terminado el ensamble manual se pusieron dos personas en control de calidad. El resultado fue para llorar, un 85 por ciento de rechazos. Entre jueves y viernes solamente salieron correctamente para entrega cuatro equipos. Había que tomar medidas urgentes.

Juan llamó a Fernando y a Julián Crespo, el nuevo director técnico, y se reunieron en el despacho de Juan.

—Creo que os habréis dado cuenta de que tenemos un gran problema —comenzó Juan—. El resultado del proceso que llevamos en fabricación está siendo un desastre.

—Todo el personal es nuevo y sin experiencia —dijo Julián—. Creo que es cuestión de tiempo, hay que tener paciencia.

—No, no estoy de acuerdo —continuó Juan—. Lo que tenemos que hacer nosotros es optimizar. Todos tienen estudios y han practicado en sus escuelas equipos, reducir al máximo los errores y utilizar ordenadamente los tiempos. ¿Me explico? Y cuanto os voy a decir es el conocimiento adquirido de un libro que me regaló el director de una multinacional, que le sirvió en su día para salvar de la ruina a una fábrica. El libro se titula *La meta*, del doctor Goidratt. Prometo regalaros uno a cada uno. El primer cuello de botella lo tenemos en las máquinas de ensamble. Dos personas preocupadas por la espera, que obligan a la cadena de inserción manual y montaje. Cometen muchos errores, que luego tienen que reparar en control de calidad. En la cadena de inserción y montaje cada persona realiza todo lo necesario para completar una placa, con lo que es fácil confundirse. Control de calidad tiene tanto trabajo que realmente no hace control de calidad, sino reparaciones, con lo cual pienso que difícilmente se podrá hacer un control efectivo. Vamos a probar lo siguiente: seiscientas placas semanales no es una gran cantidad, por lo que estarán en continuo trabajo de una sola máquina. La segunda persona realizará una inspección visual antes y después de la soldadura, corrigiendo en la última hora de la jornada los errores detectados la persona que ha realizado la inserción. De este modo, concienciamos a los dos primeros de la cadena a trabajar con el debido cuidado, pero además aseguramos que las placas que llegan a la cadena llegan sin defectos. Desmembramos el montaje manual por funciones, es decir, la primera mesa realiza soldaduras manuales; la segunda, componentes atornillados; la tercera, cableados; y la cuarta, comprobación en equipo de prueba. Con los errores se procederá del mismo modo anterior. De este modo y poniendo dos líneas, el trabajo llevará el mismo ritmo y, espero, tendrá un resultado eficaz. ¿Qué os parece?

Los dos, que no habían parado de tomar notas, asintieron convencidos y deseosos de salir corriendo a poner en práctica todo el sistema.

—Tenemos otro problema —dijo Julián—. Nos falta una memoria y no podremos terminar ningún equipo.

—No os preocupéis —continuó Juan—. Las hemos encontrado en Frankfurt y voy a por ellas este sábado. El domingo estarán aquí.

—Estupendo —dijeron y salieron deprisa.

Desde el ventanal vio Juan como pararon a todos y les explicaron los cambios, que, además, fueron muy bien aceptados.

Capítulo XIV

A las cinco de la mañana del domingo Juan se encontraba en la sala de embarque del aeropuerto de Barajas para tomar su vuelo a Frankfurt.

Había quedado con míster Arthur Wolfgang, comercial independiente de componentes electrónicos. Disponía de 2.000 memorias a un precio de 3,15 euros, incluido IVA, por lo que llevaba un cheque bancario conformado por 6.300 euros.

A las 09:30 h estaba en el Hotel Meiniager, dentro del aeropuerto, y se dirigió directamente a la cafetería donde debía de estar, en una mesa, el tal Arthur Wolfgang con un cartel sobre la mesa con el nombre Juan Martín. En efecto, una de las primeras mesas estaba ocupada por un hombre de unos sesenta años, calvo y fuerte, con cara redonda y sonrisa de felicidad.

—*Guten morgen. Wie geht es dir?* —Se levantó y extendió su gran mano para saludar a Juan, el cual hizo lo propio.
—*Sehr gut, danke.*

Después del saludo se sentaron y como pudieron, ya que ninguno de los dos hablaba el idioma del otro, se entendieron con los papeles, la factura de los componentes, que coincidía con el modelo solicitado, y el precio, que igualmente correspondía al tratado. Arthur puso sobre la mesa un maletín, lo abrió y mostró el contenido, perfectamente presentado en barras. Las contaron y comprobaron marca, referencia y año de fabricación.

—*Es ist ok* —dijo Juan al tiempo que le entregaba el cheque bancario conformado.

—*Very good* —respondió Arthur mientras le ofrecía su mano. Se dieron un apretón y salieron al tiempo, tirando cada uno por un lado.

Juan se dirigió al mostrador de Iberia. Tenía el vuelo de regreso para la tarde, a las 19:00 h.

—Señorita, tengo este vuelo para esta tarde. Ya he terminado mis gestiones. ¿Podría anticipar a otro vuelo, por favor?

La señorita azafata, que hablaba un correcto español, con gran simpatía le cambió el billete por otro con embarque en media hora.

—Tendrá que darse prisa, señor. Están embarcando.
—Muchas gracias, señorita —respondió Juan—. Hoy es mi día de suerte.

Corriendo siguió las indicaciones, llegando a la puerta de embarque cuando había entrado ya todo el pasaje. Pasó los controles, enseñando la factura con los correspondientes impuestos pagados, y se sentó en el asiento correspondiente, que además era donde le gustaba viajar, muy delante y en ventanilla.

Respiró profundamente. Sus pensamientos bullían a gran velocidad. El problema de su mujer, el marcharse de su empresa y la forma de actuar de Carlos. La nueva empresa, la instalación de la misma, la responsabilidad adquirida, la dificultad de cumplir con los pedidos, el tener que hacer un viaje de ida y vuelta a Frankfurt. Todo ello revuelto en su mente hacía que su corazón latiera a más pulsaciones de lo acostumbrado.

Por megafonía sonó la voz del comandante Rodenas, indicando el despegue inmediato, y las azafatas hicieron su demostración habitual de colocación de mascarillas y chalecos salvavidas. Miraba abstraído cómo comenzaba a deslizarse por la pista el magnífico Air Nostrum de Iberia.

Pasaron por delante de la torre de control, ya a gran velocidad. El morro del avión comenzó a levantarse. De repente un tremendo ruido sonó, haciendo temblar todo el avión. Las azafatas cayeron al suelo, rodando por el pasillo; muchos de los compartimentos de equipaje se abrieron, dejando caer maletines y ropa sobre los pasajeros; las mascarillas cayeron sobre todas las cabezas. El avión estaba intentando parar, pero la velocidad era mucha.

En una ocasión un amigo piloto le dijo a Juan: «Lo más peligroso de un avión es abortar un despegue». Se acordó de su amigo y pensó que este era el fin. Los pasajeros gritaban aterrados, la pista se terminaba y seguían a gran velocidad. De repente el avión hizo un viraje violento hacia la izquierda, ya fuera de pista. Había unas casas próximas y, si Dios no lo evitaba, se estrellarían contra ellas. El pánico colectivo hacía que el comportamiento de los pasajeros fuera de todo punto inesperado. Todos eran conscientes de que iban a morir. El compañero de asiento de Juan, un joven de menos de treinta años, le abrazó sin mediar palabra y así permaneció, esperando el fatal desenlace. La nave continuaba a velocidad, dando botes, rozando las alas en el suelo a un lado y otro.

Más que Dios, la pericia del piloto consiguió reducir campo a través la velocidad hasta quedar parados en medio del campo.

La incredulidad de estar vivos y la angustia padecida hicieron que todos aplaudieran nerviosamente al comandante salvador.

Sonó la voz del comandante. Inmediatamente pidió disculpas e indicó que sin dilación, pero con orden, abandonaran rápidamente el avión. Abrieron las puertas, bajando la escalera de cola y las rampas desde las puertas laterales, y comenzó un más que nervioso abandono del avión. En escasos minutos llegaron al lugar cuatro autobuses a recoger al pasaje. Rápidamente subieron a los autobuses y salieron con dirección a la terminal de pasajeros. Juan asía el maletín como si se lo fueran a robar. Le temblaban las piernas del susto tan enorme y todos los pasajeros estaban igualmente aterrorizados por el rato vivido.

No habían llegado a la terminal cuando una enorme explosión sonó, dejando paralizados a todos. El avión que acababan de abandonar había estallado y hasta los autobuses llegaron trozos de chapa, y eso que se encontraban a más de quinientos metros. Los pasajeros se miraban en silencio, como pensando que acababan de volver a nacer. Muchos gritaban aterrorizados por la pesadilla que estaban viviendo.

Al llegar a la terminal, a la salida de los autobuses, había más de veinte policías haciendo pasillo para conducir a todo el pasaje a una sala vacía, donde permanecieron durante una hora sin tener ninguna información, únicamente siendo atendidas todas las personas que habían sufrido algún daño o se encontraban en estado de ansiedad. Al cabo de una hora comenzaron a llamar de uno en uno a todos los pasajeros, 187 personas, con lo que la cosa prometía hacerse interminable. Parecía ser que estaban siendo sometidos a un interrogatorio.

Juan consultó su móvil y aparecía la noticia de un atentado terrorista a un avión de Iberia en Frankfurt, en el que milagrosamente había salvado la vida todo el pasaje. Posteriormente se supo que esto fue debido a una llamada al comandante del avión desde la torre de control, diciendo que un grupo islamista había colocado una bomba a bordo y que estallaría en quince minutos, estando confirmada la fiabilidad, lo que obligó a realizar una maniobra de aborto de despegue.

El aeropuerto estaba completamente lleno de policías y a los pasajeros del vuelo siniestrado les preguntaban si habían visto algo sospechoso o a alguna persona de las que en fotografías mostraban; por otra parte, les informaban de cómo hacer los trámites para que el seguro les compensara por la pérdida de equipaje y de los vuelos que podían tomar. Juan no tenía más remedio que tomar el vuelo que anteriormente le correspondía, aunque de buena gana hubiera regresado en tren a pesar de la enorme diferencia del tiempo de viaje. Era necesario que a primera hora del lunes las memorias estuvieran en la cadena de montaje.

Por suerte, no había avisado a Mari del cambio de vuelo, por lo que, aunque se enterase de lo sucedido, ella sabía que regresaría a las 19:00 h.

Por fin llegó la hora de embarcar y aproximadamente la mitad de las personas del vuelo anterior no lo hicieron. Sin duda, por el miedo después del enorme susto. Fueron conducidos hasta el avión custodiados por policías, emulando a los judíos en los campos de concentración nazis. Las medidas de seguridad respondían a un protocolo de alta alarma.

Por fin se encontró sentado en su asiento y el avión comenzó el despegue. El silencio reflejaba el estado de ánimo de todos los pasajeros. No había más remedio que vencer el miedo. En menos de un minuto estaban volando tranquilamente rumbo a Madrid. Pasaron por encima del avión siniestrado y la vista era dantesca: trozos de avión, asientos, maletas… Todo destrozado y en una extensión enorme.

El viaje fue confortable y sin sustos. A las 22:00 h aterrizaban felizmente en Barajas. Juan, que había ido esa mañana al aeropuerto en un vehículo de Uber, regresaría en un taxi. Al abandonar la sala de equipajes, donde no había ninguno, se encontró con la sorpresa de su mujer y Fernando, que le estaban esperando.

—Hombre, qué alegría. ¿Cómo se os ha ocurrido venir?

—¿No te has enterado? Un avión de Iberia ha estallado en Frankfurt y no se sabe la cantidad de heridos y muertos que ha habido. Ha sido a la una del mediodía —contestó Mari.

Juan la miró con dulzura y con una enorme sonrisa. No dijo nada. «Ya habrá tiempo», pensó.

Capítulo XV

En el coche de Fernando regresaron a casa.

—Muchas gracias, Fernando. Ya te contaré mañana por qué estoy tan feliz de veros —dijo Juan, demostrando en su semblante la verdad del comentario—. Toma, mi tesoro. Que a primera hora esté en cadena. Ya me contarás cómo va la fabricación. Mañana. —Le dio un abrazo y se despidieron.

No pudo conciliar el sueño en toda la noche, dando vueltas y vueltas metido en aquel avión. Nunca olvidaría la cara de aquel aterrorizado joven esperando la muerte. No habían tenido oportunidad de charlar prácticamente nada. Le gustaría verle de nuevo. Aquel abrazo y en aquellas circunstancias de algún modo los había unido en un sentimiento común.

A las seis de la mañana, Mari, despierta por tanta intranquilidad de Juan, le dijo:

—Cariño, ¿qué te pasa? Llevas toda la noche dando vueltas. ¿Qué te preocupa?

Juan le comentó todo lo ocurrido. Mari no podía dar crédito y se sentía angustiada pensando que podía haber perdido a su marido. No se le había pasado por la cabeza la posibilidad de que le pasara algo, pero claro, ahora les estaba sonriendo la buena suerte. Algo malo tenía que suceder. Se abrazaron y en silencio se quedaron dormidos.

Aquel día todos los de esa casa llegaron tarde. Juan y Mari despertaron y los niños, aunque ya estaban preparados, permanecieron en silencio en la cocina, previendo que tendrían un día de fiesta inesperada.

Al ver el reloj, Juan saltó de la cama. Eran las nueve y media. ¿Cómo se podía haber dormido con la de cosas importantes que tenía que hacer? Se metió en la ducha, acelerado.

—Cariño, tenemos que salir corriendo y tendremos que llevar a los niños al colegio.

—¡Nooooo! —gritaron al unísono los tres—. No nos dejan entrar tan tarde.

—Pues entonces —contestó Juan— tenéis que veniros con nosotros a la fábrica.

—¡Bieeen, papá! Tenemos muchas ganas de conocerla.

En escasos minutos todos estaban preparados y toda la familia se fue a la fábrica. Al llegar, Mari y los niños subieron a la oficina, mientras que Juan se dirigió directamente a la mesa de Fernando, que estaba rodeado por Julián y cinco operarios.

—Buenos días —saludó Juan—. Malo. Reunión de pastores, oveja muerta. ¿Qué sucede?

—Tenemos un gran problema —respondió Fernando—. No funciona el sistema que estamos aplicando en las dos cadenas. En la cadena 1 están presentando a control de calidad trece equipos por hora terminados. La cadena 2 presenta nueve a la hora terminados. La cadena 1 tiene en las tres primeras horas 39 equipos con un porcentaje de rechazo de un 19 por ciento, es decir, siete equipos. La cadena 2 entrega veintisiete equipos y el porcentaje de rechazos es un 5 por ciento, un equipo. Un desastre. El estudio de producción se ha hecho en base a veintiséis equipos a la hora. Naturalmente, con defectos.

—Bien —intervino Juan—, el proceso no está equivocado. Solamente tenemos que ajustarlo y funcionará seguro. Veréis…
—Le miraron todos con incredulidad. Parecía evidente que no se llegaría de ninguna manera—. Primero vamos a trabajar en equilibrar los tiempos de las dos cadenas. Lo haremos modificando la ubicación de las personas. No podemos poner una persona rápida y con tiempos operativos cortos antes de una lenta o de más mano de obra. Tendremos dos consideraciones: una, la de capacidad o habilidad; la segunda, de tiempo necesario por la complejidad del trabajo. Lo importante es que no hagamos retenciones en ningún puesto y que fluya con normalidad la cadena. ¿Me explico? Si después de un puesto rápido podemos tener un atasco, doblaremos el puesto siguiente. Por otra parte, vemos que los rechazos tienen que llegar cero a control de calidad. La pretensión es que consigamos pronto un *sito-stock*, que significa la total confianza del cliente y que no precisa hacer un control de calidad sobre los equipos que entregamos. Solamente realizan por muestreo una inspección ocasional y rutinaria. Para ello tenemos que esforzarnos al máximo y, de forma individual, evitar todo tipo de equivocaciones o defectos de soldadura o montaje, realizando la propia inspección de control de calidad cada uno en el puesto, una vez terminado su trabajo en cada equipo. Se establece desde hoy una prima de calidad a todo el equipo de

cada cadena si se cumple el objetivo de trece equipos hora con cero defectos. De este modo podremos fabricar trece equipos hora, por cinco horas diarias, por cinco días, por dos equipos: 650 equipos a la semana. ¿Opiniones? ¿Algún comentario?

Estaban todos encantados con la claridad con que había realizado Juan la exposición y la mayoría asentía, seguros de poder cumplir con la propuesta.

—Creo que merece la pena intentarlo —respondió Julián.

—Pues manos a la obra. Fernando y Julián, organizad todo y controlamos los resultados esta noche. Tened presente que el viernes tenemos que entregar 650 equipos y con cero rechazos.

Juan dio por finalizada la reunión y se subió a su despacho, donde sus hijos invadían su mesa de reuniones, dibujando en un montón de folios. Pasaron la mañana y a las 13:30 h se marcharon. Almorzaron en un restaurante próximo de comida rápida, pero muy confortable. Al finalizar fueron a casa y Juan regresó rápidamente a la fábrica. Cuando llegó, se apreciaba un ambiente mucho más distendido. Habían puesto música suave, que hacía muy grata la estancia, y en las caras de los operarios se notaba su satisfacción. No tardaron en llegar Fernando y Julián, poniéndose cada uno en el final de cada cadena a realizar control de calidad.

A las siete de la tarde subieron al despacho de Juan con los resultados de la jornada. Sus caras estaban resplandecientes de satisfacción.

—Felicidades, Juan —dijo Julián—. Tu milagro ha funcionado. Aún tenemos que perfeccionarlo, pero tenemos margen. Hemos mantenido, con el nuevo sistema, cuatro horas por cadena, con resultado de 53 equipos la línea 1 y cincuenta la línea 2. A los equipos les hemos realizado el control de calidad nosotros dos y el resultado ha sido un solo equipo con dos defectos en la línea 1 y cero en la línea 2. Tenemos que regular mejor los tiempos necesarios de cada puesto y dónde están las personas situadas. Por ejemplo, la chiquita de inserción manual de la segunda mesa es un poco lenta, pero es muy buena trabajando, no comete ni un solo error. Esto hace que en el siguiente puesto tengan la confianza en lo bien que les llegan las placas, pero tienen muchas veces que esperar, con lo que se retiene la cadena. Además, la chica se preocupa y dice que por su culpa perderá el equipo la prima. Creo que podríamos cambiarla del puesto 2 al 3, que tiene menos trabajo. El chico del 3 es más rápido que ella, aunque habrá que advertirle de no bajar la guardia en calidad. Nosotros dos hemos decidido continuar haciendo el control de calidad total hasta que todo funcione perfecto y podamos pasar a muestreo.

—Fenomenal —respondió Juan—. Me parece todo perfecto, pero no nos descuidemos, que tenemos mucho que mejorar. Por cierto, buena idea la música; pero, por favor, que se mantenga suave, que no parezca una discoteca.

Se bajaron con intención de seguir haciendo mejoras y realizar los equipos que finalmente habían salido de las cadenas.

Juan recogió del correo un *e-mail* de Roberto de Santiago con una petición de oferta de un pequeño armario de control.

«Qué bien —pensó—. Vamos a ver de qué se trata y si disponemos de medios».

Se quedó hasta las 21:30 h analizando el cuadro de control y sus características. Al día siguiente hablaría con Roberto para que le diera información y precio. Apagó las luces de las oficinas y del taller. Se había quedado solo.

Transcurrió la semana con los normales momentos del aprendizaje. El miércoles se produjo la visita de Luis Mesa, de producción de Albatesa. Pasó toda la mañana y al marchar los felicitó por la rapidez con la que habían cogido un ritmo excelente y una calidad necesaria. La verdad, era para estar más que contentos cómo habían solucionado los problemas iniciales, que parecían irresolubles.

Juan, Fernando y Julián continuaban estudiando el nuevo equipo de control. Ya tenían el precio aproximado y los tiempos de fabricación. Estaban a la espera de conocer el costo de materiales que había solicitado Mari.

El viernes a las doce se realizó la entrega de 650 equipos, ya totalmente fabricados en JUMDI. A la una sonó el teléfono de Juan.

—¿Sí? Dígame. Hola, Roberto. Ya hemos entregado.

—Buenos días, Juan. Sí, ya me han informado y me ha dicho Luis que tiene mucha confianza en vuestra calidad. El miércoles vino muy satisfecho de la visita. Pensaba que tendría que ayudar y no hizo ninguna falta. Enhorabuena. Te espero a las dos en mi despacho para comer y hablamos del equipo de control.

—Gracias. De acuerdo, allí estaré. Hasta luego.

Llevó a Mari a casa y marchó hacia la oficina de Roberto.

Capítulo XVI

Julia le recibió con su habitual simpatía:

—Buenas tardes, señor Martín. Puede pasar; el señor De Santiago le está esperando.

—Pasa, Juan, siéntate. En un minuto estoy contigo.

—Buenas tardes —respondió Juan—. No te preocupes, termina con tranquilidad.

—Listo. ¿Qué te parece si bajamos a comer y charlamos mientras? Comemos aquí, en la empresa, si te parece bien.

—Por supuesto, tú mandas.

Bajaron a la planta primera, donde en un aparente despacho había un confortable comedor de dirección. En el centro, una sola mesa perfectamente montada. La habitación estaba decorada con un gusto exquisito: dos preciosas óleos de firma y una vitrina de caoba en la que, además de cristalería para los comensales, había dos preciosas figuras de cristal de bohemia. Dos butacas en un rincón y una mesita baja completaban el mobiliario. Apareció un camarero perfectamente uniformado.

—Buenas tardes, señores. Don Roberto, ¿les apetece un refresco, un vino fino o una copita de cava?

—No, muchas gracias —respondió Roberto—. ¿Te apetece algo, Juan, o pasamos directamente a un buen vino?

—Sí, me parece bien el vino, gracias.

Tomaron un menú digno de una estrella Michelín: unos aperitivos estupendos, endivias al roquefort y pularda a la naranja. De postre, un *strudel* de manzana y helado. Durante toda la comida hablaron de temas intranscendentes y al llegar al café Roberto dijo:

—Bueno, Juan, el motivo de esta comida es principalmente felicitarte por la línea y el esfuerzo que ha tomado tu empresa. Reconocemos todos aquí que es difícil y muy meritorio montar una compañía y en pocos días estar fabricando como si se tratara de una experimentada empresa. A esta felicitación se unen Roca, de calidad; y Mesa, de producción, que vino el otro día entusiasmado. Es por todo ello por lo que hemos decidido aumentar nuestra colaboración en medios humanos y técnicos necesarios para ser empresa colaboradora de primera línea y es por eso por lo que te he mandado la consulta para cien nuevos equipos de control para el sistema 1297.

Juan se sentía como flotando en una nube. En toda su vida profesional no había experimentado una sensación tan agradable, tan llena de satisfacción.

—Gracias, Roberto, muchas gracias. Es verdad que estamos poniendo toda nuestra capacidad para trabajar con responsabilidad, pero el éxito actual es compartido con vosotros. Sin vuestra ayuda y consejo nunca conseguiríamos los mismos resultados. Os agradezco muy sinceramente vuestra felicitación, pero considero que es temprano para hacer una valoración. Yo la he planteado a largo plazo. Dentro de unos años sí que nos hará falta ese reconocimiento y te aseguro que haremos el máximo esfuerzo para merecerlo.

—Seguro que sí —respondió Roberto—. ¿Y cómo llevas la oferta de los nuevos equipos? Por cierto, el precio máximo de cada cuadro está estimado en 1.800 euros, pero míralo bien, ya que necesito mejorar ese precio.

—El lunes sin falta te doy el precio y los plazos de entrega. ¿Qué programa de entregas necesitáis?

—Veinte al mes.

Tomaron tranquilamente el café y dieron por terminada la reunión. Roberto acompañó hasta la puerta de salida a Juan y se despidieron, regresando cada uno a su trabajo.

El lunes siguiente Juan pasó la oferta de los cuadros de comunicación 1297, oferta que fue aceptada sobre la marcha. El precio ofertado fue 1.620 euros por unidad y con un buen margen de beneficio. María se puso rápidamente a negociar los pedidos de materias primas y a pasar pedidos programados.

Pasaban los días con rapidez y las circunstancias de cada día hacían que Juan no encontrara tiempo para solucionar un tema de vital importancia y que era mejor no demorar: el director financiero. Cogió el teléfono y llamó a su cuñado Vicente Amor.

—¿Vicente? Hola, ¿cómo estás? Soy tu cuñado Juan. Sí, verás, imagino que sabrás que me he independizado. Se trata de una empresa pequeña, pero con un importante movimiento económico, y necesito contratar a un financiero y contable.

—Sí, ya me lo habían comentado y me alegro por ti. Eres un tío muy capaz y seguro que te irá bien. ¿Y qué necesitas? ¿Que te busque a alguien para ese puesto?

—No —respondió Juan—. Creo que no estás muy contento en tu empresa. ¿Te gustaría que habláramos de la posibilidad de ocupar tú el puesto que necesito? Creo que eres la persona ideal.

—Es verdad que no estoy a gusto y me encantaría ayudar a lanzar tu joven empresa. Si quieres, el próximo sábado me paso por tu casa y charlamos.

—Me parece perfecto —dijo Juan—. Te espero el sábado por la tarde para tomar café en casa.

—De acuerdo, hasta el sábado. Un abrazo.

La producción iba mejorando cada día y cada día se conseguía un nuevo récord en equipos finalizados y la calidad rozando los cero defectos. En esos momentos estaban en quince equipos por hora y línea, con lo que terminaban 750 a la semana, cinco horas diarias.

Esta situación les permitía dejar una sola línea siete horas al día durante cinco días y dos horas a la semana la segunda línea, con lo cual se disponía de cuatro personas para la fabricación de las cajas de comunicación 1297. Así lo pusieron en práctica, teniendo en cuenta que Fernando y Julián ya no eran necesarios en control de calidad más que para la inspección por muestreo.

Hubo que hacer alguna inversión en compra de herramientas para el montaje de equipos de comunicación y preparar un área de montaje.

El departamento financiero de Vicente Amor ya funcionaba a pleno rendimiento. Controlaba las inversiones, los gastos y los ingresos. Abrió una cuenta en un banco con capacidad de descuentos de pagarés, que era la forma habitual de pago de Albatesa y que negociaba dependiendo de las necesidades.

El ritmo personal de Juan y de Mari iba en aumento constante. Mari tenía que trabajar muchos días por la tarde. Ya había terminado las sesiones de radioterapia y se encontraba en plena forma. Juan no paraba. Por un lado, el control general de la fábrica; por otro, visitando los distintos departamentos de Albatesa, con la que habían aumentado los suministros en más y diferentes equipos, y a nuevos clientes como V. W. Distribución, ya que el señor Gómez, ahora amigo personal de Juan, pasaba pedidos con regularidad de pequeños equipos electrónicos. No eran de gran volumen económico, pero merecía la pena.

Había pasado casi un año desde el inicio. La plantilla de personal se había doblado. Fernando y Julián pasaban más tiempo en su mesa de la oficina que en la nave de fabricación, por lo que reclamaban la necesidad de un encargado de sala, cosa a la que Juan se negaba, insistiendo en que cuando las cosas funcionan bien es mejor cuidarlas y no modificarlas. En líneas generales, todo funcionaba perfectamente y la empresa iba para arriba.

Transcurría un martes de noviembre, frío y nublado. Como casi cada día, Juan y Mari se encontraban por la tarde en la oficina. Mari acababa de pasar la revisión médica semestral con perfectos resultados. Ya hacía tres años de la operación. Se encaminó al despacho de Juan.

—Juan, ¿tienes para mucho? Están al llegar los niños a casa. Si te quedas me voy yo ahora.

—No, espera, que termino en seguida. Hoy me voy pronto —respondió Juan al tiempo que sonaba su móvil.

Capítulo XVII

—Hola, Jorge. ¿Qué pasa? ¿Dónde estás?

Jorge era el hijo mayor, tenía once años. María se sobresaltó, poniendo cara de sorpresa.

—Papá, estoy en el colegio. Está conmigo Alberto y nos está esperando el autocar, pero es que no aparece Inés. He ido a su clase y no está. La están buscando y no aparece por ningún sitio. —Juan se había puesto pálido.

—Jorge, no os mováis del colegio. Esperadnos en secretaría. Nosotros vamos ahora mismo. Di que se marche el autobús.

Salieron a toda prisa. Mientras Juan conducía a toda la velocidad que podía, Mari hablaba con el colegio.

—Pero ¿cómo es posible que no se hayan dado cuenta de su falta en toda la tarde?

—Lo lamento de veras. No nos explicamos cómo se ha podido marchar sin darnos cuenta —respondió la señorita de secretaría—. No nos ha sucedido nunca.

María colgó y llamó al 112.

—¿Policía? Buenas tardes. Mire, soy la madre de una niña de siete años. Inés Martín es el nombre de la niña. El colegio es

San Bernardo y se han dado cuenta ahora, al salir, de que falta la niña toda la tarde… Sí, la dirección del colegio es calle Juan de la Cierva, 30. Nosotros vamos en dirección al colegio, estaremos en diez minutos. Gracias. Hasta ahora.

María estaba demostrando una entereza increíble, de la que en ese momento Juan carecía. En algo menos de diez minutos estaban en el colegio. Corrieron a secretaría, donde los esperaban sus dos hijos, que corrieron a abrazarlos, llorando y atemorizados.

Con la señorita de secretaría estaba el director, don Ernesto, quien les invitó a sentarse, dándoles todas las explicaciones que podía, que eran que desde el recreo de la tarde, a las 16:30 h, nadie había visto a Inés. Salió al patio, pero la echaron en falta al entrar de nuevo a clase.

Juan y María no podían comprender lo ocurrido. En ese momento entraron dos agentes de la Policía Nacional.

—Por Dios —increpó Juan casi gritando—. No saben dónde ha ido, si ha sido por su voluntad o forzada por alguien, pero lo que menos entiendo es que desde entonces no nos hayan llamado a nosotros. ¿Por qué no nos han llamado? Han tenido que ser mis hijos los que nos lo han dicho.

—Les comprendo. Tenemos un protocolo por si sucede algo así, aunque es verdad que no nos ha ocurrido nunca.

—No me parece una respuesta. —Juan estaba cada vez más irritado—. ¿Puede darnos alguna explicación su profesora? ¿Puede venir y decirnos qué ha ocurrido?

—Lo lamento —dijo el director—. Ya lo hemos intentado, pero la señorita Lourdes se ha marchado al terminar la clase y no ha dicho nada de nada, cosa que me parece muy extraña.

Los dos policías, atentos a cuanto ocurría, más que nada tomaban notas de todo y comentaron que estaba al llegar un inspector que se haría cargo del caso inmediatamente. Mari, que había permanecido muy entera, comenzó a pensar en las consecuencias de la desaparición y rompió a llorar, gritando:

—¡¿Pero es que nadie va a hacer nada?! ¡Por Dios, comencemos la búsqueda! Que alguien diga qué hay que hacer. Siempre he oído que los primeros momentos son los más importantes.
—Esperemos unos minutos a que llegue el inspector destinado a la investigación —dijo el director.

La secretaria llevó una gran cafetera y unas tazas.

—Tomen un poco de café —les ofreció a todos. En ese momento entró un hombre de aspecto atlético, 1,80 de estatura, rubio y vestido muy informal.
—Buenas tardes, soy el inspector Ramírez y me han asignado con carácter de urgencia este caso. ¿Son ustedes los padres? —preguntó dirigiéndose a Juan y Mari, que asintieron. El resto de los asistentes aprovecharon para presentarse.
—Lo primero, tenemos que localizar a la profesora. Deme, por favor, la ficha de esta señorita y cómo localizarla. En cuanto tengamos la dirección vayan de inmediato a su domicilio y tráiganla aquí. No es nada normal que, habiendo faltado después del

recreo a clase, se quede tan fresca y se marche sin hacer el más mínimo comentario.

Parecía que todo empezaba a funcionar, lo que tranquilizó algo a Juan y Mari.

—Ustedes —continuó Ramírez, dirigiéndose a María y Juan— lo mejor es que se vayan a casa, que será nuestro cuartel general, y les informaremos de todo.

—Si no le importa, preferimos esperar a que llegue la profesora y saber de su actitud —dijo Juan.

—Vale, de acuerdo, pero después los necesito en su casa por si se recibe alguna llamada. ¿Saben ustedes de alguien que les tenga animadversión o algo por lo que puedan sospechar que les harían daño?

Juan y Mari se miraron con cara de extrañeza. No encontraban razón alguna para que alguien pudiera hacerles algo tan espantoso. Eran una familia sencilla a la que, sí, era cierto que últimamente les sonreía la suerte y comenzaban a vivir algo mejor, pero sin alardes de ningún tipo.

También tenían que contemplar la posibilidad de que hubiera salido del colegio *motu proprio* y se hubiera extraviado.

Se hizo interminable el tiempo hasta que llegaron de nuevo los dos policías. Mientras, desde secretaría llamaron a todos los compañeros de Inés por si tenían alguna referencia.

—No ha ido a su casa. Hemos preguntado a los vecinos y nos han dicho que los viernes suele irse con su marido a un chalé que tienen en la sierra. Nadie nos ha podido decir dónde.

—¿Tienen alguna referencia de esa dirección aquí, en el colegio? —preguntó Ramírez.

—No, no tenemos esa dirección —contestó don Ernesto.

—Hemos pasado ya una fotografía a todas las unidades y aplicado el protocolo de búsqueda.

En ese momento llegó jadeante una niña, compañera de Inés y amiguita suya, acompañada por sus padres.

—Buenas tardes —dijo el padre de Mónica—. Al colgar el teléfono cuando nos han llamado antes, mi niña ha recordado algo que puede ser de interés. Cuenta, Mónica. Díselo a estos señores.

Mónica, bastante asustada, con los ojos llorosos y una voz que no le salía del cuerpo, dijo:

—Cuando estábamos en el recreo se paró un coche en la puerta pequeña del patio, que estaba abierta. Vi que Inés salió porque la llamó su papá, que se bajó del coche con un perrito. Inés se subió al coche y se fueron. Al entrar en clase, la señorita me preguntó por Inés y le dije que se había ido con su papá. Y ya no sé más.

—¿La viste tú cuando se subió al coche? —preguntó el inspector Ramírez.

—Sí, la vi perfectamente —respondió Mónica.

—¿Y te pareció que iba obligada, o sea, que no quería montar y el señor del coche la empujó?

—No, señor. Se montó muy contenta. Por eso yo pensé que era su papá.

—¿Y cómo era el coche? Procura recordarlo bien, es muy importante.

—Era un coche pequeño, de color negro, pero no sé la marca. Sí recuerdo que en la parte de atrás tenía una pegatina con un perro muy bonito, igual que el que llevaba de verdad.

—Muchas gracias, Mónica —continuó Ramírez—. Y gracias a ustedes, han sido de gran ayuda. Pueden marcharse, gracias. Si necesito alguna otra aclaración o si recuerda algo nuevo la niña, les llamaré o me llaman. Tenga mi tarjeta.

Mari, Juan y los niños regresaron a su casa. Parecía que un rayo los había partido por la mitad. Muchas veces se ve una noticia en la televisión de un secuestro o de la pérdida de un niño y pensamos lo duro que tiene que ser para los padres, pero nadie puede imaginarse el dolor que se siente ante un acontecimiento como este ni los pensamientos que pasan por su mente: ¿tendrá frío, miedo, dolor, hambre? ¿Le habrán hecho daño?

Al llegar a su casa les esperaban los padres de Mari, a los que desde el colegio habían puesto en antecedentes por teléfono. Sin poder ni hablar se abrazaron madre e hija durante un tiempo, a la vez que se confundían sus lágrimas. Juan no podía articular palabra. Tampoco el abuelo, abrazado a los niños, que, completamente traumatizados, se preguntaban por qué.

Por primera vez en su vida, Juan no sabía qué hacer. Reconocía que no estaba preparado para esa situación y que nunca la hubiera imaginado. Llamó a su cuñado Vicente y le puso en antecedentes, rogándole que se hiciera cargo de todo hasta que se resolviera el caso.

El inspector Ramírez se centró en intentar localizar a la profesora Lourdes y dio instrucciones de buscar el coche con la pegatina del perro. Localizó a una compañera de Lourdes con la que, al parecer, según le informó el director, parecía simpatizar bastante. Llegó al domicilio de la profesora, Míriam Martínez; estaba relativamente cerca del colegio. Una casa de reciente construcción, sin ascensor, y un segundo piso.

—Buenos días, señorita Míriam. Soy el inspector Ramírez. La he llamado por teléfono.

—Pase, por favor. —Le condujo a un saloncito muy coqueto, donde le invitó a sentarse—. Usted me dirá en qué le puedo ayudar.

—La imagino enterada de lo sucedido ayer en el colegio, la desaparición de la niña Inés Martín.

—Sí, me lo comentaron por teléfono ayer. Es una verdadera desgracia. Nunca nos había ocurrido y solo de pensarlo me pongo mala.

—Bueno, pues sucede —continuó el inspector— que la señorita Lourdes no informó a nadie de la desaparición y al terminar su jornada se marchó directamente a un chalé que, al parecer, tiene en la sierra.

—Parece ser, según me han dicho, que informaron a Lourdes de que Inés había sido recogida por su padre y no le dio más importancia.

—Pero —la interrumpió el inspector— ¿es posible recoger a un niño del recreo sin informar a secretaría al menos, aunque sea su tutor?

—No, señor, no está permitido. Pero estoy segura de que Lourdes no se dio cuenta. Le puede ocurrir a cualquiera.

—Bueno, no estoy en absoluto de acuerdo; pero, por favor, cuénteme algo de su compañera.Vive muy cerca de aquí, ¿verdad?

—Sí, en la siguiente manzana, en el número 24, 1° A, con su marido, José Pintado.

—¿Podría decirme qué coche tiene Lourdes y si tiene su marido?

—Lourdes ahora no tiene coche, lo ha vendido. Las cosas no les van muy bien. Su marido sí tiene un Seat Ibiza negro.

—¿Qué quiere decir que no les va muy bien? ¿Tienen problemas?

—La empresa le ha despedido. Trabajaba en un taller de reparación de informática.

—¿Tienen mascota?Vamos, perro quiero decir.

—Sí, tienen un perro precioso. Bobi le llaman y es pequeño y muy gracioso.

—¿Sabe si lleva en el coche una pegatina atrás con la cara del perrito?

—No, no tengo ni idea, no me he fijado.

—Por último, ¿puede darme la dirección del chalé de la sierra? —preguntó el inspector.

—No la sé, pero creo que es en la urbanización Los Ángeles de San Rafael.

—Muchas gracias por todo.

—Perdone —respondió Míriam—. Es un despiste no haber informado, pero le dijeron que se la había llevado su papá y seguro que no tiene ni idea de lo que ha sucedido.

—Seguro, no se preocupe. Pero tenemos que asegurarnos de que no sabe nada más.

Salió de la casa el inspector y nada más llegar a su coche se puso en contacto con la comisaría, ordenando la busca del coche de José en Los Ángeles de San Rafael, dirección a la que se dirigió rápidamente.

Sonó el teléfono y Juan corrió a descolgarlo.

—Diga, dígame…

Sonó una voz débil y distorsionada al otro lado de la línea:

—Si quiere ver con vida a Inés, prepare 50.000 euros usados para mañana y esta noche le diré dónde tiene que dejarlos. Si llama a la policía se ahorra el dinero, pero no verá nunca más a su hija.

—¿Quién es? Oiga, oiga. No cuelgue. Que se ponga mi hija… Oiga…

Juan pretendía mantener más tiempo al que llamaba, ya que tenían pinchado el teléfono para descubrir la ubicación, pero no dio tiempo. Se dejó caer en el sillón como si le hubieran dado un mazazo en la cabeza. Toda la familia, expectante, le miraba esperando cualquier información, aunque, por el semblante de Juan, nada bueno esperaban.

En poco más de media hora el inspector Ramírez entraba en la urbanización Los Ángeles de San Rafael. Nada más entrar, un coche de la Guardia Civil le estaba esperando.

—Buenos días. Hay otro coche vigilando la casa donde está aparcado el Seat Ibiza negro con la pegatina del perro atrás. Es en la calle México, nada más entrar. El primer chalé adosado.

—Muchas gracias, voy para allá. Por favor, vengan conmigo, que tendremos que hacer una detención.

La cancela de entrada a la parcela estaba cerrada con llave y Ramírez llamó al timbre. Abrió una niña de unos siete años entre risas, jugando con un perro *silky terrier* blanco precioso.

—¿Qué desea? ¿Por quién pregunta? —preguntó la niña.

—Ábreme, Inés. Vengo de parte de tus padres —dijo Ramírez.

Inés se quedó un tanto desconcertada, por lo que decidió llamar de un grito:

—Tío José, un señor te llama.

—Cariño, entra en casa —indicó José a Inés con voz autoritaria—. ¿Qué desea?

—Vengo a hacerle una pregunta. Por favor, ¿me puede abrir?

José dudó y preguntó de nuevo:

—¿Qué pregunta? Dígame, que le contesto.

En ese momento Ramírez dio una fuerte patada a la puerta, haciendo saltar la cerradura y sorprendiendo a José, que se quedó inmóvil.

El inspector, con su arma reglamentaria en la mano, entró seguido por los dos agentes de la Guardia Civil. Rápidamente le pusieron a José las esposas con las manos a la espalda y Ramírez entró en la casa, donde la niña, Inés, estaba en el regazo de una mujer joven. Sin duda, Lourdes, su profesora.

—Queda detenida por el secuestro de la niña Inés Martín.

Ramírez le recitó sus derechos y convenció a la niña, que pensaba que sus padres le habían dejado pasar un fin de semana con su señorita y con el precioso Bobi, de que la estaban esperando en casa y de que él la llevaría ahora, después de llamarles por teléfono.

—¿Juan? ¿Hola?
—Inspector, he recibido una llamada —le interrumpió Juan alterado.
—No se preocupe, su hija está perfectamente. Está conmigo y la llevo ahora a su casa. Espere, que se pone.
—Papá, hola. Sí, me dijo mi señorita que me habías dejado pasar el fin de semana con Bobi. Sí, estoy muy bien. ¿Entonces me voy con este señor?

La angustia se convirtió en fiesta y alegría en casa de los Martín. No se paraban a pensar la razón por la que habían secuestrado a su hija, pidiendo un rescate, ni por qué habían actuado tan chapuceramente, por fortuna.

Aproximadamente una hora después, el inspector Ramírez e Inés llamaban a la puerta de su casa. Toda la familia salió a recibirles. Besos y abrazos unos a otros, a Inés y hasta al inspector Ramírez, al que obligaron a quedarse a comer a pesar de su resistencia. Realmente, su intuición hizo que todo quedara en una anécdota, pudiendo haber sido una tragedia.

Por la tarde y después de llamar por teléfono a su cuñado para darle la buena nueva, Juan se dirigió a la comisaría, donde el inspector Ramírez ya había interrogado a los autores del secuestro y había terminado el informe para el juzgado.

Epílogo

—Adelante, Juan —invitó a pasar Ramírez—. Siéntese, ya tenemos claro todo lo sucedido. José Pintado, el marido de la profesora Lourdes, un impresentable, después de haber perdido su trabajo (fue despedido por vender equipos reparados de electrónica que no le pertenecían y quedándose una importante cantidad de dinero de la empresa; aglutinaba deudas por el juego y se veía a menudo en problemas con los que querían cobrarle) convenció a Lourdes para que vendiera su coche y salvarlo de una paliza de un acreedor, pero no era suficiente e ideó un plan para salir de su calamitoso estado económico. Obligó a colaborar a su mujer en su rocambolesca idea. Había sido conocedor de que el padre de una alumna de Lourdes tenía una empresa que estaba creciendo meteóricamente. El plan era muy sencillo: Lourdes hablaría antes del recreo con Inés y le diría que sus padres habían aceptado que pasara un fin de semana con ellos para jugar con su precioso perrito. La profesora abriría la puerta pequeña de salida del recreo al exterior, donde llegaría José (que la haría llamarlo tío José) con el perrito y se llevaría a Inés al chalé de la sierra. Desde allí llamaría a los padres de Inés para pedirles un rescate. Con la niña no habría problema, ya que con la familiaridad con la profesora y jugando con el perrito como si fuera suyo estaría distraída y no echaría en falta a nadie de su familia en dos días. Harían el canje del dinero y la niña en la zona de descanso de la autopista de La Coruña. Los padres, al ver sana, salva y además contenta a Inés, tardarían en dar conocimiento a la policía, tiempo que aprovecharían para llegar a Portugal por Salamanca y desde allí, vuelo al Caribe y a disfrutar de los 50.000 euros del rescate. Cometió el error de no quitar la pegatina del perro del coche, lo que permitió localizarlo con mucha facilidad. Así que gracias a la fortuna y a la rapidez con que hemos actuado podemos dar carpetazo a este asunto y, desde luego, José Pintado tardará mucho tiempo en hacer una nueva fechoría.

Se despidieron, ofreciéndose ambos para cuanto necesitaran.

Juan regresó a su casa, le apetecía estar con la familia. Llevaban un año, desde que comenzaron con la empresa, en el que todo era trabajar y trabajar, desatendiendo mucho algo que siempre había tenido claro, la razón del esfuerzo en el trabajo: en primer lugar, la estabilidad y confort de su familia.

A la mañana siguiente la normalidad continuó en esa familia. Los abuelos marcharon a su casa; los niños, al colegio; y el matrimonio, a la fábrica.

Las cosas en la empresa seguían progresando. Cada vez les adjudicaban nuevos equipos y la facturación crecía, también los gastos. Ya tenían 32 operarios y, a pesar de la constante preocupación de Juan por estar condicionados casi en exclusiva a un solo cliente, el aumento de la producción tampoco les permitía buscar nuevos trabajos en otros posibles clientes.

Financieramente, Juan estaba muy satisfecho con el trabajo de su cuñado Vicente Amor, tanto que decidió hacerle socio de la empresa con un 10 por ciento de las acciones, que le regaló como prima por su buena gestión. El magnífico salario más los beneficios le hicieron cambiar la vida. Su mujer estaba encantada y se le notaba su mejor nivel social. Vicente había cambiado de coche y habían comprado un apartamento en Torrevieja.

El constante esfuerzo y empeño de Mari y Juan, el buen hacer de Fernando y Julián y la ya afianzada experiencia de todo el personal hacían que se adivinara un futuro cargado de éxito.

Esa noche, sentados en el sofá mirando al televisor y sin prestar atención a la programación, dijo Juan a Mari:

—Cariño, va a hacer cuatro años que no hemos podido hacer vacaciones. ¿Qué te parece si la semana próxima, que es Semana Santa, nos vamos con los niños a París?

—Sería fantástico. Y podríamos llevar a los chicos a Eurodisney. Seguro que les vuelve locos.

Repararon entonces en que en la televisión estaba cantando Charles Aznavour:

«La bohème, la bohème.
Nous ne mangions qu'un jour sur deux».

Agradecimientos

A mi mentor y gran amigo Alberto Martínez Zaragoza. Él me ofreció el conocimiento para desenvolverme en la vida comercial.

A Fernando y Antonio Álvarez Cruz, que, siendo yo aún muy joven, hicieron de mí un *Bruster & Bruster*.

Al doctor Carlos Sierra, salvador de mi hija Laura y gran amigo desde hace 32 años.

A Segundo de Pablo, culpable con sus consejos y conocimiento de los mejores éxitos de mi vida profesional.

A José Luis de Miguel, mi maestro de golf. Me metió la afición en vena a un deporte que no abandoné nunca y que me ha dado infinidad de grandes satisfacciones.

A Sergio García, a quien admiro aun sin conocernos personalmente. Tuve la oportunidad de recibir un curso (ya siendo profesor de golf) subvencionado por la Fundación Sergio García para enseñar a personas discapacitadas.

A José Luis Rodenas, piloto de Iberia y gran amigo, héroe en esta novela y uno de los mejores conversadores que conozco.

A mi mujer, Mary Carmen Ortega, que después de cincuenta años de matrimonio y habiéndome proporcionado todo lo bueno que he recibido en esta vida (cinco maravillosos hijos, ánimo, seguridad, confianza, ayuda y amor), hoy sigue siendo mi musa y mi gran amor.

Éxito o muerte, historia de un emprendedor

Juan es un hombre luchador, constante buscador del éxito, un emprendedor no sin esfuerzo, pero con las ideas claras, lo que le permite derribar barreras y contratiempos. Esa persona puedes ser tú. El secreto está en la constancia, en la fe en uno mismo, en la confianza de conseguir la meta a la que aspiras. El éxito es posible alcanzarlo con esas premisas. Lo verdaderamente difícil es tener la sabiduría de mantenerlo.

En esta novela se aprecia la importancia de tratar con el mismo esfuerzo e ilusión todo lo profesional y todo lo personal. No descuides la atención permanente a tu empresa y cuida la unión con la familia. Ambas son un estandarte para conseguir el éxito.

Sobre el autor

Nacido en Madrid en 1945, Alfonso Puigmitjá estudió Comercio en la Escuela Oficial de Comercio de Madrid y ha trabajado como empresario desde 1970 hasta 2019, alternando su labor con la docencia.

www.ingramcontent.com/pod-product-compliance
Lightning Source LLC
LaVergne TN
LVHW051222200726
843510LV00011B/1457